JN074431

Domestic MBA Examination

飯野 一
著

国内MBA受験の

小論文対策

基礎知識マスター編

中央経済社

プロローグ

本書を手に取ってくださった皆さんへ

筆者は，アガルートアカデミーという動画配信予備校の国内MBA対策講座の講師をしている。たくさんの合格者が出ているが，合格者の方に「合格者インタビュー」をおこなって，そのインタビューを録画した動画を配信している。その合格者インタビューの一つの質問に，「他にも予備校はたくさんあるのに，なぜアガルートアカデミーを選んだのですか？」というものがある。この質問への回答として最も多いのが，以下である。

「飯野先生の見た目と話している内容のギャップに惹かれました」
「ギャップ萌えしました」
「MBAとは思えない見た目にビックリして興味を持ちました」

合格者インタビューをきっかけに仲良くなった国内MBA合格者の皆さんに言われることがある。それが以下である。

「そのファッションは，キャラ設定のためにやっているんですか？」
「マーケティング戦略として，見た目を派手にしているんですか？」
「ファッションや美容が好きなんですか？」

すべて「YES」である。好きでやっているし，マーケティング戦略としてやっている面もあるし，そういう意味では，芸能人同様に「キャラ設定」としてやっているともいえる。

ただ，根底にある想いは，多くの人に筆者の講座や本を届けたいというものである。どんなに良い講座を作っても，どんなに良い本を書いたとしても，多くの人に受講してもらったり，読んでもらったりしなければ，講座や本の価値は小さい。どうせ講座を作り，本を書くならば，一人でも多くの人に受講してもらったり，読んでもらったりすることによって，筆者の作品の価値は高まる。

また，筆者の講座を受講したり，本を読んだりした方が，国内 MBA に合格し，それを機に，昇進したり，転職したり，起業したりして，それぞれが自己実現を果たし，さらに社会に価値を産み出すような仕事をしたならば，筆者の講座や本は計り知れないほどの価値を持つことになる。そんな仕事がしたいと思っている。

そのためには，一人でも多くの国内 MBA 受験生の目に留まるようにしなければならない。競合する予備校やライバルの講師と比較して，圧倒的に目立つ必要がある。そのために，意図的に MBA ホルダーとは思えないアーティストのような外見にしている。

キャラ設定としての見た目の演出同様に，当然のことだが講座や本の内容にも非常にこだわっている。講座は，国内 MBA 受験予備校の中では最高レベルのクオリティになっていると自負している。ここまで経営学を体系的にわかりやすく説明した講座は他にはないと思っている。本も同様である。本書をお読みいただければ，本という作品への筆者のこだわりを感じていただけると思う。国内 MBA 入試で小論文試験を実施しているほぼすべての大学院の過去問を調査・分析した上で，最初から最後まで筆者がすべて一人で書いている。経営学の理論書やビジネス書は，経営学の初心者には理解しにくいものが多い。そんな背景があってか，初心者には経営学はハードルが高くなっている。本書は，初心者の方でも無理なく経営学の難しい理論や概念を理解できるように，丁寧な解説にこだわって書いた。おそらく経営学初心者の皆さんには，わかりやすく無理なく経営学を学ぶことができる本に仕上がっていると思う。

ただ，初心者の方だけを対象にした本ではない。一般的なビジネス書などを日ごろから読んでいる経営学の中級レベル以上の方にも，満足いただける内容になっていると思う。経営学という学問は，競争戦略論，組織論，組織行動学，マーケティング戦略，消費者行動論，情報技術戦略など非常に幅広い分野を扱っている。そのため，競争戦略論と組織論の関係性はどうなっているのか？という横のつながりが無視されがちな学問である。戦略論は知っているし，組織論も知っている。しかし，戦略論と組織論の関係性は？　と問われると，中級レベルの方でも答えられない場合が多い。そこで本書では，競争戦略論と組織論の関係性，競争戦略論と情報技術戦略の関係性といった学問間の横のつながりが理解しやすいように心がけて執筆した。経営学の中級者レベル以上の方には，今まで点と点になっていて，線でつながっていなかったものが，本書を読むと線でつながるようになると思う。そういう意味では，経営学の中級者レベル以上の方でも満足いただける内容になっていると自負している。

では，本書の全体の構成を説明する。

第１章では，国内 MBA 入試の小論文の問題はどのような問題が出題され，どのような傾向になっているのか，という点を筆者が考えたフレームワークを使って分析している。その分析結果から得られた結果をもとに，大学院別の出題傾向の分析と対策について説明した。具体的には，過去の出題傾向から，３つの出題カテゴリーを筆者が設定した。１つ目が「経営学の時事的な知識が必要な問題」，２つ目が「経営学の一般的な知識が必要な問題」，３つ目が「アカデミックな経営理論に関する知識が必要な問題」である。国内 MBA 入試で出題されている小論文は，この３つのカテゴリーのどれかに属するのである。そこで，この３つのカテゴリーごとに，第３章～第５章で必要な筆者オリジナルの演習問題を用意した。

第２章では，国内 MBA の小論文作成にあたっての，基本的な書き方を説明した上で，より高度な文章を作成するための文章作成技法について説明している。第２章をお読みいただければ，国内 MBA 入試で大学側に好まれる文章の書き方が身につくようになっている。

第３章からは実際の演習問題とその解説に入る。第３章では，先に説明した３つのカテゴリーのうち，１つ目の「経営学の時事的な知識が必要な問題」を４問提示し，その問題の解説をしている。

第４章では，３つのカテゴリーのうち，２つ目の「経営学の一般的な知識が必要な問題」を４問提示し，その問題の解説をしている。

第５章では，３つのカテゴリーのうち，３つ目の「アカデミックな経営理論に関する知識が必要な問題」を４問提示し，その問題の解説をしている。

なお，ここで出題している12の問題は，すべて筆者のオリジナルの問題である。

本書は，以上のような構成になっている。読者の皆さんには，上記の章の順に読み進めていただければと思っている。なぜなら，章を重ねるにしたがって，難易度が上がるように工夫して執筆したからである。

筆者のいろいろなこだわりの詰まった本書であるが，本書を利用して，国内MBA 合格を勝ち取っていただきたい。そんな願いを込めて，本書を執筆した。

目　次

第1章

国内MBA入試の小論文の出題内容と対策法

1　国内MBA入試で小論文が課されている大学院

国内MBA入試では，ほぼすべての大学院で研究計画書と面接が課せられているが，難関校や人気校では，小論文が課せられている。筆記試験という形で，1次試験に小論文の試験を課している大学院があるのである。どこの大学院が小論文を課しているのか。本書執筆時点の情報をもとに小論文が課せられている大学院を列挙してみる。

- 関西学院大学大学院経営戦略研究科
- 京都大学経営管理大学院（一般選抜）※
- 慶應義塾大学大学院経営管理研究科（MBA，EMBA）
- 神戸大学大学院経営学研究科
- 筑波大学大学院人文社会ビジネス科学学術院
- 東京都立大学大学院経営学研究科
- 一橋大学大学院経営管理研究科（経営分析プログラム，経営管理プログラム）
- 兵庫県立大学大学院社会科学研究科
- 法政大学大学院イノベーション・マネジメント研究科

- 立命館大学大学院経営管理研究科
- 早稲田大学大学院経営管理研究科

※京都大学経営管理大学院の特別選抜では，小論文は課されていない。

上記の11大学院の国内 MBA 入試で小論文が課されている。上記の大学院を受験する方は，小論文対策をしっかりおこなった上で受験するようにしていただきたい。

2 国内 MBA 入試の小論文の出題内容と対策法

先に説明した大学院で小論文が入試科目として課されているわけだが，では，どのような問題が出題されているのだろうか。以下に，筆者独自のフレームワークを用いて，国内 MBA 入試の小論文の出題傾向を示す。

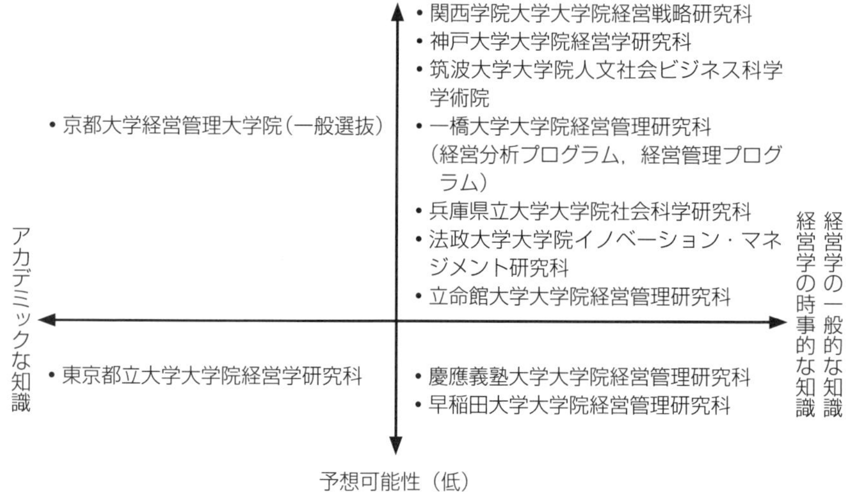

（出所） 筆者作成

以下に，国内MBA入試の小論文の出題内容と傾向を，左図にしたがって説明していく。左図では，縦軸に「予想可能性」を，横軸に「アカデミックな知識が必要か，経営学の一般的，時事的な知識が必要か」をとった。

縦軸の「予想可能性」というのは，過去問をもとにした出題内容の予想ができるかどうか，ということである。予想可能性が高ければ，過去問と類似の問題が出題されるということであり，予想可能性が低ければ，過去問とはまったく傾向の違う問題が出題される可能性が高いということである。なので，予想可能性が低い大学院の場合，小論文対策はしにくくなる。

横軸の「アカデミックな知識が必要か，経営学の一般的，時事的な知識が必要か」というのは，小論文を解答するにあたって，どのような知識が必要とされるのかを示している。アカデミックな知識というのは，経営理論に関する知識である。例えば，「センスメイキング理論」「取引コスト理論」など，一般のビジネス書や新聞，ビジネス雑誌等では，学ぶことができないアカデミックな知識である。このアカデミックな知識が必要な場合は，一般のビジネス書ではなく，有斐閣やダイヤモンド社などが出版している学術書を読んで学ぶ必要がある。それに対して，経営学の一般的，時事的な知識というのは，新聞やビジネス雑誌，一般のビジネス書などに登場する知識レベルの問題が出題されるということである。一般のビジネス書というのは，どういう本かわからないかもしれないが，イメージとしては，ベストセラーになっているグロービスのMBAシリーズだとお考えいただいてかまわない。

2－1 マトリックスの左上の象限

では，左図にしたがって説明する。まずは，左上の「予想可能性」が高く，「アカデミックな知識」が必要とされる大学院である。これは京都大学経営管理大学院（一般選抜）だけが該当する。京都大学経営管理大学院は，一定の出題傾向があり，出題予想がしやすくなっている。また，内容的には，経営理論に関する知識を問うアカデミックな問題になっている（一部には，時事的な問題も出題されている）。具体的な出題内容を説明すると，頻出項目として，「イノベーション（オープン・イノベーション，クローズド・イノベーション）」「マーケティングの４Ｐ（製品，価格，販売チャネル，プロモーション）」「垂直統合，取引コスト理論」「センスメイキング理論」「多角化（関連多角化，非関連多角化，多国籍化，水平的成長）」「サプライ・チェーン・マネジメント」「組織論（官僚的組織，フラットな組織）」「日本的経営（年功型賃金）」「エージェンシー理論」「クリエイティビティと多様性」「コーポレート・ガバナンス」などがある。ここにあげた項目に関して，集中的に勉強しておくことによって，合格点がとれるようになる。京都大学経営管理大学院は，上記の傾向がそれほど変わらないので，上記頻出項目をしっかり勉強しておくことで，確実に合格点が取れる，つまり，不確実性が低い入試となっている。対策としては，本書で提示した予想問題12問の解説部分をしっかりお読みいただくことである。上記の頻出項目を網羅した解説にしようと努力して執筆した。本書で不足する部分は，筆者が2011年に執筆した『国内MBA受験　小論文対策講義』（中央経済社）をあわせてお読みいただくことで，頻出項目のかなりの部分は押さえられる。

2－2　マトリックスの左下の象限

次は，左下の「予想可能性」が低く，「アカデミックな知識」が必要とされる大学院である。これは東京都立大学大学院経営学研究科だけが該当する。東京都立大学大学院は，過去に出題されたことのない経営理論がいきなり出題されることが頻繁にあり，出題予想がしにくくなっている。また，内容的には，経営理論に関する知識を問うアカデミックな問題になっている（一部には，時事的な問題も出題されている）。具体的な出題内容を説明すると，「ソーシャル・ネットワーク理論」「内発的動機付け理論」「資源依存理論」「年功序列」「リーダーシップ理論（コンティンジェンシー理論など）」「先発者優位，後発者優位」「価格戦略」「組織コミットメント」「組織のライフサイクルモデル」「企業の所有者支配から経営者支配への移行プロセス」「目標管理制度」「イノベーションのジレンマ（持続的イノベーション，破壊的イノベーション）」などが近年出題されている経営理論である。年功序列などの一般的な経営学の知識を問う問題も出題されてはいるが，これは例外的な事例でほとんどが経営理論に関する知識を必要とする問題となっている。「ソーシャル・ネットワーク理論」「内発的動機付け理論」「資源依存理論」などの経営理論は一般的なビジネス書では詳しく解説はされていない。何が出題されるか予想ができない東京都立大学であるので，経営理論に関して，幅広く学んでおくことをお勧めする。対策としては，まずは本書で提示した予想問題12問の解説部分をしっかりお読みいただくことである。12問の解説部分は，可能な限り経営理論について説明するように努力したつもりである。なお，本書の12問で不足する部分は，筆者が2011年に執筆した『国内 MBA 受験　小論文対策講義』（中央経済社）をあわせてお読みいただきたい。

2－3　マトリックスの右上の象限

3つ目は，右上の「予想可能性」が高く，「経営学の一般的，時事的な知識」で対応可能な大学院である。アカデミックな専門知識は不要な大学院である。これに該当するのは，以下の７校である。以下の７校に関しては，過去問をベースに対策をしておけば問題ない。過去問とまったく傾向の異なる問題が出題されることはまずない。知識的にも経営学の一般的，時事的な知識で足りるので，新聞，ビジネス雑誌などを読んだ上で，一般的なビジネス書を読んでいれば問題ない。

- 関西学院大学大学院経営戦略研究科
- 神戸大学大学院経営学研究科
- 筑波大学大学院人文社会ビジネス科学学術院
- 一橋大学大学院経営管理研究科（経営分析プログラム，経営管理プログラム）
- 兵庫県立大学大学院社会科学研究科
- 法政大学大学院イノベーション・マネジメント研究科
- 立命館大学大学院経営管理研究科

以下，順に上記の７校の出題傾向を説明していく。

関西学院大学大学院経営戦略研究科では，「組織が抱える課題，そして課題解決法」「VUCA 時代における経営戦略の在り方，個人のキャリア・プランの在り方」などが出題されている。どちらも時事的な話題であり，新聞，ビジネス雑誌などを読んだ上で，一般的なビジネス書を読んでいれば問題なく対応できるものである。

神戸大学大学院経営学研究科では，日本経済新聞から引用した文章が提示され，それを読んだ上で，解答する問題が出題されている。時事的な経営学の問題であり，アカデミックな専門知識を問うような問題は出題されていない。過去問を見ると，「日本企業が役員報酬において業績連動部分の構成比を高めた場合の企業経営に与える影響と課題」「日本企業が抱えてきた女性労働力の活用問題について」「AI，IoT 時代における企業経営上の課題について，企業視点，従業員視点，国の視点で述べる」「20代の時期から人材を選抜して，計画的に職務経験を積ませ，将来の幹部候補に育てるという人材育成法についてどう考えるか」といった内容が出題されている。どれも時事的な企業経営の話題であり，新聞，ビジネス雑誌などを読んだ上で一般的なビジネス書を読んでいれば問題なく対応できるものである。

筑波大学大学院人文社会ビジネス科学学術院では，IT，IoT などの情報技術を企業経営に絡めた出題がされていて，この傾向は毎年変わらない。なので，筑波大学を志望する方は，過去問を用いた対策をしておけば十分である。過去問を見ると，「Web を用いたサービスの事例をあげて，そのメリットを企業側の視点，消費者側の視点で述べる」「ポイントプログラム（楽天ポイントなど）を導入する企業が多いが，そのメリットデメリットは何か」「AI や IoT の進歩で今後人間が関与する必要がなくなる仕事は何か」「IoT の進歩によって，都内を走るすべての路線バスやタクシーが位置情報と空席情報を常時発信するようになると，利用者側や運行側にはどのような影響が出るか」「電力自由化によって産業や社会，消費者にどのような変化が出るか」といった内容が出題されている。どの問題も IT，IoT などの情報技術を企業経営に絡めての出題となっている。新聞，ビジネス雑誌などを読んだ上で，一般的なビジネス書を読んでいれば問題なく対応できるものである。

一橋大学大学院経営管理研究科には，全日制の経営分析プログラムと夜間を中心に開講する経営管理プログラムがある。この２つのプログラムでは，小論文の問題の傾向が異なるので，別々に説明する。ただ，どちらにもいえることは，過去問と同じ傾向の問題が繰り返し出題されており，過去問とはまったく傾向の異なる問題が出題されることはあまりないということである。なので，過去問対策をしっかりしておけば問題はない。知識に関しては，全日制の経営分析プログラムでは，経営学の一般的な知識が求められている。対して，夜間の経営管理プログラムのほうは，経営学の知識がほとんどなくても解答できる問題が出題されている。夜間の経営管理プログラムのほうも過去問を解答しておけば対策としては十分だと思われる。では，以下でプログラムごとに小論文の内容について説明する。

まず全日制の経営分析プログラムでは，「日本でおこなわれている新卒採用において，学歴を重視する採用が，近年の企業の経営環境の変化によって，どのように変わっているのか」「企業組織におけるエントロピーの増加理由，そして増加によってどのような経営上の問題を引き起こすか」「日本企業が選択と集中を長い間おこなってこなかった理由」「(示された図表を見た上で）日本の自動車産業の競争の仕方がどのようなものか述べる」といった内容が出題されている。どれも一般的な経営学の問題であり，新聞，ビジネス雑誌などを読んだ上で，一般的なビジネス書を読んでいれば問題なく対応できるものである。

夜間の経営管理プログラムでは，「(示された文章を読んだ上で）終身雇用制の衰退が起きた理由に関して仮説を設定し，それを検証する」「(４つの図表を理解した上で）石油と民主化の関係について説明する」「囚人のジレンマに関して具体的な事例を述べる」といった内容が出題されている。２つ目の「(４つの図表を理解した上で）石油と民主化の関係について説明する」問題は，経営学とはまったく関係のないものであり，図表を読み取ることができれば，誰でも正解できる簡単な問題であった。このように経営学にまったく関係ない問題も稀に出題されるが，基本的には，終身雇用や囚人のジレンマといった一般的な経営学の問題であり，新聞，ビジネス雑誌などを読んだ上で，一般的なビジネス書を読んでいれば問題なく対応できるものである。

兵庫県立大学大学院社会科学研究科では，時事的な経営学の問題が出題されている。例えば，「ゾゾタウンと百貨店の違い。アパレルメーカーにとってゾゾタウンに出店するメリット」「シェアリングエコノミー」「SDGs（持続可能な開発目標）」「ヤマダ電機が大塚家具を買収する意味は何か。ヤマダ電機による大塚家具の買収は今後うまくいくと考えられるか」「日本的雇用慣行」「アクティビティ・ベースド・ワーキング（ABW）」など時事的な経営学に関する出題がされている。どれも時事的な企業経営の話題であり，新聞，ビジネス雑誌などを読んだ上で，一般的なビジネス書を読んでいれば問題なく対応できるものである。

法政大学大学院イノベーション・マネジメント研究科では，時事的な経営学の問題が出題されている。例えば，「日本企業がESG戦略を積極的に取り組む上での課題とその解決策」「スルガ銀行の不正融資問題」「サブスクリプション」「イノベーションとは何か？　イノベーションの具体例，イノベーションを継続的に起こしていくために必要なこと」「日本的雇用慣行」「中小サービス事業者が付加価値向上や効率を実現するための具体的な手法」など時事的な経営学に関する出題がされている。どれも時事的な企業経営の話題であり，新聞，ビジネス雑誌などを読んだ上で，一般的なビジネス書を読んでいれば問題なく対応できるものである。

立命館大学大学院経営管理研究科では，時事的な経営学の問題が出題されている。例えば，「ダイバーシティ」「日本の家電業界の凋落」「企業において働き方改革が重視されている理由，企業の働き方改革に関する取り組みと期待される効果」「内部昇格の生え抜き経営者と外からやってくるプロ経営者の利点および欠点」「消費者のニーズを知る方法としてあなたが有力だと思うもの」「サブスクリプション」「ESG課題，ESG投資」など時事的な経営学に関する出題がされている。どれも時事的な企業経営の話題であり，新聞，ビジネス雑誌などを読んだ上で，一般的なビジネス書を読んでいれば問題なく対応できるものである。

以上，ここで紹介した7校は，過去問と類似の問題が毎年出題され，出題傾向が予想可能な大学院である。よって，ここで紹介した7校を受験する方は，繰り返し述べているように，新聞，ビジネス雑誌，一般的なビジネス書を読んでおけば問題はないが，新聞，ビジネス雑誌，一般的なビジネス書を読めといわれても，何から読めばいいのかわからない方も多いはずである。そういう方に対して本書があるのである。本書で提示した予想問題12問の解説部分をしっかり読んでいただきたい。本書を読んでいただければ，ここで説明してきた7校の小論文対策が効率的にできるようになっている。ここで示した7校では，アカデミックな知識を問う問題は出題されないが，本書のアカデミックな知識が必要な大学院向けの問題に関してもしっかり読み込んでいただきたい。なぜなら，アカデミックな知識を持っておくと，それが基礎となって，さまざまな時事的な経営事象を理解しやすくなるからである。なお，本書で不足する部分は，筆者が2011年に執筆した『国内MBA受験　小論文対策講義』（中央経済社）をあわせてお読みいただきたい。

2－4　マトリックスの右下の象限

4つ目は，右下の「予想可能性」が低く，「経営学の一般的，時事的な知識」で対応可能な大学院である。アカデミックな専門知識は不要な大学院である。これに該当するのは，慶應義塾大学大学院経営管理研究科と早稲田大学大学院経営管理研究科の2校である。この2校に関しては，過去問とまったく異なる傾向の問題がいきなり出題されることがある。過去問を用いた対策があまり役に立たない可能性がある大学院である。ただ，知識的には経営学の一般的，時事的な知識で足りるので，新聞，ビジネス雑誌などを読んだ上で，一般的なビジネス書を読んでいれば問題ない。

過去問からの出題予想が困難であるという点を，慶應義塾大学と早稲田大学の過去に出題された問題を例に説明する。

まず，慶應義塾大学である。ある年は，ダイバーシティやコミュニケーション能力に関する問題が出題されている。これは経営学の一般的，時事的な知識で足りる問題である。しかし，いきなり経営学とはほとんど関係のない統計学の問題が出題されたことがある。それもその問題が，統計学の「シンプソンのパラドックス」といわれているけっこうな難問であった。この年に受験した方は，過去問をもとにした対策がまったく役に立たずビックリしたことだろう。

次に，早稲田大学である。早稲田大学も慶應義塾大学のような予想しなかった問題がいきなり出題されることがある。ある年は，企業を取り巻くステークホルダーに関する問題が出題され，別の年は会計学のROAやROEを用いた問題が出題されていた。これらは経営学の一般的，時事的な知識で足りる問題である。しかし，経営学とはほとんど関係のない「キリンの首が長くなったことを示す論理展開を図解しなさい」という問題がいきなり出題された。3ページくらいある「キリンの首が長い」理由に関する文章を読んだ上で解答する問題であるので，本文を正確に読み取ることができれば解答できる問題であるが，経営学の一般的，時事的な知識をまったく必要としない問題がいきなり出題され受験生はビックリしたことだろう。

以上のように，慶應義塾大学と早稲田大学は，過去問には見られない新たな傾向の問題，それも経営学とはほとんど関係のない問題がいきなり出題される可能性がある。そのために，出題予想が難しく，過去問対策がそれほど有効とはいえない大学院である。

とはいえ，過去問の傾向を知ることは大切であるので，以下で説明する。

慶應義塾大学の出題傾向は，２つに分けられる。１つは，一般的な経営学の知識があれば解答できる問題，もう１つは，ブレイン・ティーザーと呼ばれる頭の体操のような問題である。ただ，先に説明したように，統計学のシンプソンのパラドックスがいきなり出題されることもあり，問題の多様性に富んだ試験になっている。

一般的な経営学の知識，時事的な知識があれば解答できる問題の例としては，「(５ページくらいの課題文を読んで) 森を見て木を見ていない企業経営の事例，平凡な現場を非凡な現場に転換する方法」「（4ページくらいの課題文を読んで）モノづくりと価値づくりを結びつけるための方法」「株式会社制度」「経営者の不正防止のための規制強化の是非」「シェアリングエコノミー」「日本で電子決済額が少ない理由」などである。これらの問題に対しては，新聞，ビジネス雑誌などを読んだ上で，一般的なビジネス書を読んでいれば問題なく対応できる。

ブレイン・ティーザーに関しては，慶應義塾大学ならではの問題であり，これが出題されているのは同校だけである。問題の例としては，「9個のボールがあり，その中に1つだけ重いボールが入っている。天秤を2回だけ使って，重いボールを見つけるにはどうしたらいいか答えなさい」である。これは経営学の問題ではなく，頭の体操である。これらブレイン・ティーザーの対策は，以下の本をお読みいただければ問題ない。

ジョン・ケイドー（2008）『ブレイン・ティーザー―ビジネス頭を創る100の難問―』ディスカヴァー・トゥエンティワン

次が，早稲田大学である。早稲田大学は，一般的な経営学の知識があれば解答できる問題がほとんどである。しかし，先に説明したとおり，「キリンの首が長い論理展開を図解しなさい」というような経営学とはまったく関係のない問題がいきなり出題される。こういった論理的思考力を問う問題が，突然出題されることはあるが，それを除けば，一般的な経営学の知識があれば解答できる問題が出題される。具体的には，「ビジネススクールの教材は事例（ケース）を用いることが多いが，事例を学ぶことの意味は何か」「企業のポジショニング戦略」「（自分の考えを）企業のステークホルダー（株主など）に対して説明し，説得するにはどのようなロジックで説明するか」「（会計的な資料を与えられて，それを把握して）企業が経常黒字を達成できなかった理由は何か，その企業を別の会社に売却した場合に，あなたなら売却後にどんな戦略を採用するか」「（ビジネスの事例を読んで）その会社のビジネス上の問題点は何か，それを解決するにはどうすべきか」という形のケーススタディ的な内容の問題が多くなっている。とはいっても，国内 MBA 入学後におこなうケーススタディのようなレベルではなく，初心者向けの簡単なケース分析をする問題である。これは通常の形での早稲田の小論文であるが，繰り返し説明しているように，「キリンの首はなぜ長い」のような問題がいきなり出題されるため，早稲田の小論文の出題予想の難易度を上げている。

慶應義塾大学，早稲田大学ともに，対策としては，新聞，ビジネス雑誌などを読んだ上で，一般的なビジネス書を読んでおくことである。これによって一般的，時事的な経営学の知識が必要な問題への対策をおこなっておく。統計学の「シンプソンのパラドックス」や「キリンの首はなぜ長い」的な問題が突然出題されたとしても，これは分析力や論理的思考力を問う問題であるので，冷静に考えれば対応可能な場合もある（対応できない場合もある）。よって，慶應も早稲田も他大学同様に，新聞，ビジネス雑誌などを読んだ上で，一般的なビジネス書を読んでおけば最低限の対策は可能である。ただ，新聞，ビジネス雑誌，一般的なビジネス書を読めといわれても，何から読めばいいのかわからない方も多いはずである。そういう方に対して本書があるのである。本書で提示した予想問題12問の解説部分をしっかり読んでいただきたい。本書を読んでいただければ，慶應義塾大学と早稲田大学の小論文対策が効率的にできるようになっている（予想外の問題が出題された場合は除く）。慶應義塾大学と早稲田大学は，アカデミックな知識を問う問題は出題されないが，アカデミックな知識が必要な大学院向けの本書の問題に関してもしっかり読み込んでいただきたい。なぜなら，アカデミックな知識を持っておくと，それが基礎となって，さまざまな時事的な経営事象を理解しやすくなるからである。なお，本書で不足する部分は，筆者が2011年に執筆した『国内 MBA 受験　小論文対策講義』（中央経済社）をあわせてお読みいただきたい。

以上，筆者独自のフレームワークを用いて，国内 MBA 入試の小論文の出題傾向を説明してきた。ここまでお読みいただいて，国内MBA入試の小論文は，以下の3つの知識があれば解答できることがおわかりいただけたと思う。

- 経営学の時事的な知識
- 経営学の一般的な知識
- アカデミックな経営理論に関する知識

そこで，本書では，上記3つのカテゴリーに基づいた筆者オリジナルの問題を，カテゴリーごと4題ずつ計12題出題する。その上で，出題した問題に必要となる知識を詳しく解説することにする。

読者の皆さんは，本書で提示した12題の問題に解答し，その後の解説をお読みいただければ，カテゴリーごとに必要な知識を効率良く学ぶことができるようになっている。第3章で「経営学の時事的な知識が必要な問題」を，第4章で「経営学の一般的な知識が必要な問題」を，第5章で「アカデミックな経営理論に関する知識が必要な問題」を出題し解説していく。

なお，「経営学の時事的な知識」と「経営学の一般的な知識」との線引きはどこでするのか，という疑問を持った方もいるかと思う。ここでは厳密な定義は用いていない。筆者の主観で，これは時事的な知識，これは一般的な知識という形で分類した。この点はご了承いただきたい。

皆さんは，これから小論文の勉強を始めるわけだが，第3章以降の問題に取りかかる前に，第2章の「国内MBA入試の小論文作成法」をお読みいただきたい。この第2章では，「小論文の書き方の基本」について説明している。国内MBA入試で大学院側に受けのいい文章とはどんな文章なのかを説明している。ここで説明している内容は，筆者が早稲田大学ビジネススクールの論文作成法の講座で学んだ内容を，筆者なりにアレンジして，皆さんにお伝えしている。早稲田大学ビジネススクールで学んだ文章作成技法は，グローバル・スタンダードな技法であり，世界標準の文章の書き方である。なので，第2章に書いてあることをマスターすれば，日本企業だけでなく，外資系企業でも通用する文章作成ができるようになるのである。単に国内 MBA 入試突破のための勉強ではなく，どこでも通用する文章作成技法を学ぶ機会である。ぜひ，がんばっていただきたい。

なお，国内 MBA 入試の小論文については，課題文を読んだ上で解答する「課題文型小論文」という形で出題される大学院が多い。課題文の量は，短い場合は２ページくらい，長い場合は５～６ページくらいとなっている。関西学院大学，慶應義塾大学，神戸大学，一橋大学，兵庫県立大学，法政大学，早稲田大学の７校は課題文型小論文が出題されている。課題文型小論文も，本書で取り扱っている「一行問題」（問題文だけが提示される形式の小論文）と解答のポイントは変わりない。知識と論理的に書くスキルがあれば問題はない。ただ，読者の皆さんは，より実践的な練習をしたいと考えていると思う。そこで，本書（『国内 MBA 受験の小論文対策〈基礎知識マスター編〉』）の次作として課題文型小論文のみを扱う問題集『国内 MBA 受験の小論文対策〈実践編〉』（仮題）の出版を予定している。書店やオンライン書店で発売されるまでには，まだ時間がかかるが，しばらくお待ちいただきたい。本書「基礎知識マスター編」と次作の「実践編」の２冊をセットで利用していただくと，より完璧な小論文対策ができるはずである。

では，これから国内 MBA の小論文対策を一緒に始めましょう！

第2章

国内 MBA 入試の小論文作成法

1 小論文の書き方の基本

社会人大学院入試の小論文の参考書はいくつか発売されているが，どの書籍も枝葉末節な点にこだわりすぎていて，ポイントが明確になっていない。また，ライティングに関する指導機関の指導内容は，これまで日本で奨励されてきた「起承転結」を用いた作成指導をおこなっており，グローバル・スタンダードのライティング・スキルが求められている国内 MBA 受験では通用しない可能性が高い。

以上のように国内 MBA 入試のための小論文作成法において，適切な情報が提供されていないというのが現状である。そこで，筆者が早稲田大学ビジネススクールで学んだグローバル・スタンダードのライティング技法に関して，「これだけ押さえておけば，国内 MBA 受験小論文では合格点がとれる」というポイントを簡潔に説明する。皆さんは，ここで指摘したポイントのみを押さえておけば，国内 MBA 入試の小論文では合格点が取れるはずである。「起承転結」を用いた書き方は国内 MBA 受験では嫌われる可能性が高い。ここまではっきり言い切れるのは，過去18年間の国内 MBA 入試において，グローバル・スタンダードのライティング技術を使った指導をし，多くの方が合格してきたからである。小論文に関しては，いろいろな情報が飛び交っているが，ここに示した点だけに注意して小論文を書いていただきたい。

1－1　小論文とは？

多くの国内 MBA で入試科目として，小論文が課せられている。では，小論文というのは，どんな文章で，どのような点が評価のポイントとなっているのか，について説明する。

小論文とは，論文ほどの分量はないが，短めの論文ということである。吉岡（2013）は，小論文とは意見文のことであると指摘している。意見文とは，自分の主張を伝えるための文章である。エッセイのように個人的な感想を並べるものでも，小説のようにストーリーや人物を描写するものでもない。もちろん，詩歌のように，感情を歌いあげるのではない。むしろ，主観的感想や波乱万丈のストーリー，性格描写などは排除し，冷静な論理を積み上げ，自分の主張を展開するのが，論文のスタイルである（吉岡，2013）。

例えば，以下のような設問がある。

> 日本でも株主の発言力を高めるべきだという意見があります。この意見に対して，あなたはどう考えますか。「賛成」「反対」の立場を明確にしたうえで，その根拠を述べてください。

この設問では，「日本でも株主の発言力を高めるべきだ」という主張に対して，自分の意見として，「賛成か反対か」を述べる。そして，自分の意見の根拠を論理的に述べていけばよいということになるのである。

ここで注意しなければならないことは，小論文には正解がないということである。筆者が過去に指導してきたウインドミル・エデュケイションズや現在指導しているアガルートアカデミーの受講生の中には，「小論文の模範解答をいただけませんか」と言ってくる方がいる。それに対して，私は「小論文には，模範解答というものはありません。あくまで，私が作成した解答例ですが，それをお渡しします」と回答している。各自の業務経験や考え方は，みんなそれぞれ異なっている。だから，解答の内容は各自まったく違っていて当たり前なのである。例えば，上記の問題では，賛成・反対の根拠として，ビジネス書でよく見かけるような内容の解答でもかまわないし，自分の経験をもとにオリジナリティの高い解答をしてもかまわない。要するに，自由なのである。

1－2　小論文の評価のポイント

小論文の内容は自由であると述べたが，では，いったい，評価のポイントは何であろうか。筆者が早稲田大学ビジネススクールで学んだ論文作成法では，小論文の評価に関して，「評価＝内容×伝達効率」と指摘している。すなわち，小論文の評価というのは，内容が充実しているだけでなく，伝達効率も重要な要素なのである。

伝達効率の重要性をコミュニケーションを例に考えてみる。ある人物が他の人物に意思を伝えることによって，情報やアイデアの伝達は可能になる。だが，コミュニケーションとは，単に「意思を伝達することだけ」ではない。それは「理解されなければならない」のである。ある集団で，１人のメンバーはドイツ語しか話せず，他のメンバーにはドイツ語がわからない場合，そのメンバーがドイツ語を話しても理解はされないだろう。したがって，コミュニケーションとは意思の伝達と理解を両方含むものでなければならないのである（ロビンス，2009)。

小論文も上記のコミュニケーションと同じである。自分が書いた答案が，読み手である大学側にしっかりと理解されなければ，自分の意見は大学側に伝わらないのである。読み手にしっかり伝えるためには，伝達効率のよい文章を書かなければならないのである。ちょっと考えてみよう。国内 MBA 入試では，一気に100人以上もの受験生が受験する。読み手である大学側は，100人以上の受験生の答案を読んで，採点しなければならない。大学の先生とはいえ，できるだけ少ない労力で採点をすませたいと考えているはずである。よって，少ない労力で必要な情報を引き出せるような伝達効率のよい小論文が高い評価を受けるのである。

では，この読み手の要求を満たす伝達効率のよい文章とはどんな文章なのだろうか。早稲田大学ビジネススクールで学んだ論文作成法の講座では，以下の２点を満たす文章が伝達効率のよい文章だということである。

- 読み手になるべく文章を読ませずに，それでいて必要な情報を伝達できる。
- 一読で内容を誤解なく理解してもらえる。

では，上記の２点を満たす伝達効率のよい文章を書くポイントを次項で説明する。

1－3　伝達効率のよい文章の書き方

①　主張を最初に述べる

まず，書出しの最初に自分の主張（意見）を述べることである。自分の主張とは，結論にあたる部分である。なぜ，最初に，自分の主張（結論）を述べる必要があるのかというと，読み手に自分が主張したいことを最初に伝達できるからである。自分が言いたいことを，最初に読み手に伝えておくことによって，読み手は書き手が以降の文章でどんなことを述べるのかをある程度予測することができるのである。早稲田大学ビジネススクールで筆者が学んだ講座では，これを“メンタルモデル”と呼んでいる。主張を最初にすると，読み手は以降の内容に関するメンタルモデルを築くことができるということである。

文章の書き方として皆さんが習ってきた“起承転結”というスタイルは好ましくない。なぜなら，自分の主張（結論）が，最後に述べられているからである。この形式では，書き手の言いたいことが，読み手に最後になってやっと伝わるのである。これは，読み手に対して大きな負担をかけてしまう。よって，日本の伝統的な文章作成技法としての“起承転結”というスタイルは，国内MBAの小論文では用いるべきではない。

では，先ほど示した設問を例に，国内MBA入試における小論文の書出しについて事例をあげてみる。

> 日本でも株主の発言力を高めるべきだという意見があります。この意見に対して，あなたはどう考えますか。「賛成」「反対」の立場を明確にしたうえで，その根拠を述べてください。
>
> 書出し（主張）⇒私は，日本でも株主の発言力を高めるべきだという意見に賛成（反対）である。

上記の例のように，最初に，設問に対する自分の主張（結論）を述べるのである。これによって，伝達効率は飛躍的に向上する。

② 主張に対する根拠を示す

小論文は，自分の意見を述べる意見文であるということは説明した。意見を述べるということは，主張をするわけである。主張をして，自分の主張が妥当であるということを読み手に納得してもらうためには，何が必要だろうか。それは，主張の根拠を示すことである。主張をするには，根拠がしっかりしていなければならないのである。「～だ」の主張を支える「なぜ～をすべきか」の根拠が貧弱なら，読み手を納得させることは不可能なのである。また，読み手に対する説得力を高めるためには，根拠は1つではなく，2つか3つは示す必要がある。提示する根拠の数が少ないと，読み手は皆さんが示した根拠に対して，「主張を支える力がない」と感じるか，あるいは，根拠を十分にあげる能力がないと解釈されてしまうのである。では，先の例をもとに，こちらも事例をあげてみよう。

主張⇒私は株主の発言力を高めるべきだという意見に賛成である。
根拠⇒① 株主の発言力が高まると，企業に対する監視機能が強化されるからである。
② 内部の経営者や管理者に任せておいたのではできないような根本的な改革を実施することができるからである。

上記の例のように，主張を２つの根拠で支えるような形の文章にすると，読み手に対する説得力がアップする。よって，小論文の基本的な書き方は，主張を明確にし，その主張を支える根拠を提示することである。

③ 根拠を具体的に説明する

主張を根拠で支えることによって，読み手に対する説得力は増す。しかし，これだけでは不十分である。先の例をもう一度見てみよう。「株主の発言力を高めるべきだ」という主張を，「監視機能が強化されるから」「根本的な改革を実施することができるから」という２つの根拠が支えている。これだけでは，読み手として理解しにくい。その理由は，論理の飛躍があるからである。

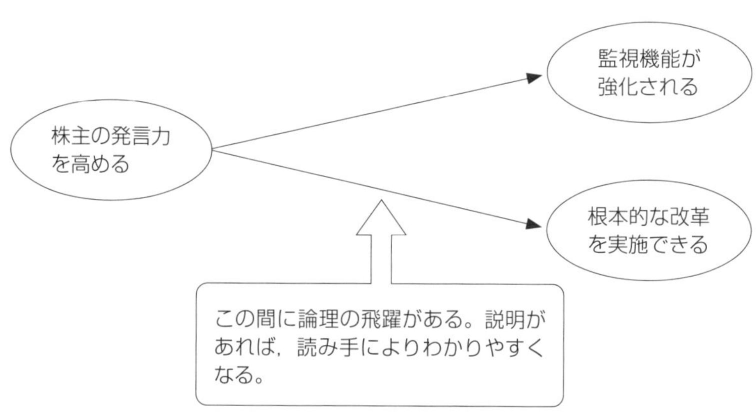

論理の飛躍とは，省略が多すぎて論理の展開が推測できなくなってしまっている状態を指す（グロービス，2001)。論理の飛躍の例を紹介しよう。

①「日本の教育は暗記主義だ」
②「日本人は日本の教育を受けている」
③「日本経済はどんどん衰退していく」

上記の例は，論理の飛躍があるが，どこに論理の飛躍があるのだろうか。論理の飛躍をなくすと，以下のようになる。

①「日本の教育は暗記主義だ」
②「日本人は日本の教育を受けている」
③「現在のような競争が激しい時代は，創造力が必要とされる」
④「しかし，暗記重視の教育では，創造力は育成できない」
⑤「創造力がなければ，競争に勝つことはできない」
⑥「競争に勝てなければ，日本経済はどんどん衰退していく」

このように述べれば，相手に納得してもらえる。最初の例では，③～⑤がすっぽり抜けてしまっていたのである。そのために，読み手は，理解しにくかったのである。この例のように１つひとつていねいに説明すれば，すなわち，論理の飛躍をなくせば，読み手に対する伝達効率は格段に高まるのである。

論理の飛躍の話が長くなったが，論理の飛躍をなくすということは，１つひとつ論理立てて説明するということである。根拠を示した後に，説明をつけるのである。なぜ，説明が必要なのかというと，自分の思考は，説明しない限り読み手には伝わらないからである。先の例に説明をつけてみよう。

主張⇒私は株主の発言力を高めるべきだという意見に賛成である。

根拠①⇒株主の発言力が高まると，企業に対する監視機能が強化されるからである。

説明①⇒現状の日本企業には監視機能が働いていない。企業の所有者である株主は，株式の持ち合いによって，企業となれあいの関係にあり，監視機能を果たせずにいる。また，労働者団体としての労働組合も御用組合と揶揄され，企業の監視どころではない。このように，日本企業には監視機能が働いていないのである。これが経営者の独裁を許し，雪印や三菱自動車，最近では武富士に見られるような不祥事が生じたのである。このような事態を未然に防ぎ，健全な資本主義社会の発展を促すために，企業に対する監視機能を働かせる必要がある。それができるのは，会社の所有者である株主なのである。よって，株主の発言力を増すことに賛成である。

根拠②⇒内部の経営者や管理者に任せておいたのではできないような根本的な改革を実施することができるからである。

説明②⇒先に説明したとおり，これまでの日本企業においては，経営者に対する監視機能が働いていないために，経営者の独裁を許してしまうのである。独裁のもとでは，異質性は排除される傾向にあり，根本的な改革を断行することはできない。株主は，会社内部の人間ではないため，経営者の独裁にストップをかけ，客観的な視点で会社を評価することができる。現在のような環境変化の激しい時代には，根本的な改革は不可欠である。これを実現するためには，独裁の渦中に身を置かない株主の発言が必要となるのである。よって，株主の発言力を高めるべきだと考える。

上記のように，根拠に対する説明を加えることによって，論理の飛躍がなくなり，読み手は，非常に理解しやすくなるのである。

説明をする際のポイントは知識である。先の例でも，株主の発言力と企業監視機能の関係などの知識が必要である。この知識を蓄積するために，日頃から経営書や新聞等を読む習慣をつけておこう。もし仮に，十分に論述できるほどの知識がなかったとしたら，自分がこれまでに経験してきたことを具体例として述べることをお勧めする。自分が経験してきたことは，自分１人の経験ではあるが，１つの経験的現象から導き出されたデータということができる。読み手に対する説得力という点では，多少落ちるが，説明がないよりはマシであるので，自分の経験を用いて，説明をしてみよう。

④　伝達効率のよい文章

ここまでの話をまとめると，伝達効率のよい小論文の基本構造は，

主張　→　根拠　→　説明

である。

例えば，主張に対して，根拠を２つ示した場合の小論文の基本構造は次のようになるのである。

主　張
根拠①
説明①
根拠②
説明②

まず，主張をする。その後に，１つ目の根拠を述べる。次いで，根拠①に対する説明①をする。次に，２つ目の根拠を述べ，その説明②をするという形が理想的な構造である。説明をする際のポイントは，先に説明したとおり，論理の飛躍をなくすことである。

1－4　小論文の内容

先に，小論文の評価は，内容と伝達効率の２つによって決定されると説明し

た。伝達効率については説明済みであるので，ここではもう１つの評価項目である「内容」について考えてみる。

内容とは，書く中身のことである。先の例では，株主の発言力を高めることに賛成という主張をし，その根拠として，「株主の発言力が高まると，企業に対する監視機能が強化されるからである」「内部の経営者や管理者に任せておいたのではできないような根本的な改革を実施することができるからである」という２点をあげたが，このように根拠や説明をするにあたっての内容のことである。この内容を充実させるには，知識が必要である。知識に関しては，日ごろから新聞やビジネス書などを読んでおいて，必要なときに，その知識を引き出すことができるようにしておくことが必要である。

1－5　小論文の文体

ここまで，小論文の評価のポイントとしての内容と伝達効率という点について説明してきた。しかし，小論文を書くには，この点だけでは十分ではない。文体や表現という文の細部にも，注意しなければならない。

例えば，感想文では「私は～と思う・感じる」という形式が使えるが，小論文ではできるだけ，このような表現は避けたほうがよい。なぜなら，これらの表現は「他の人はどう考えるかわからないが，私はこう考える」という自分の主観性を強調するスタイルだからである。

もちろん，自分が感じたということを強調する場合なら，このような書き方も有効かもしれない。しかし，小論文では，「感じ」ではなく「真理」あるいは「真理だと思われること」が大事なのだ。このようなときに，「私は～と思う・感じる」はおかしい。小論文では，「～である」と断定することが大切なのである。

小論文の文体は，客観的で断定的なスタイルにすることがポイントである。

以上，小論文を書く際のポイントとして，ここでは，内容，伝達効率，文体について説明してきたが，この３点をしっかり押さえて答案を作成すると，合格できる答案作成が可能になるのである。この3点に注意して，小論文の練習をおこなっていただきたい。

2 小論文作成技法

前項で小論文の書き方の基本として，「主張→根拠→説明」というスタイルについて説明したが，ここでは，「主張→根拠→説明」という構成をより効果的に構築するための技法について説明する。外資系のコンサルティング・ファームなどに勤務する方はご存知の方もいると思うが，「MECE」「ロジック・ツリー」という2つの問題解決の技術を小論文作成に応用し，より効果的に「主張→根拠→説明」という小論文の骨組みを構築することを目指す。

2－1 MECE

MECEとは，Mutually Exclusive Collectively Exhaustiveの略である。日本語に直訳すると，「それぞれが重複することなく，全体集合としてはモレがない」という意味である（齋藤，1997）。簡単にいうと「モレなく，ダブリなく」である。これを経営コンサルティング会社のマッキンゼーでは「ミッシー」と呼んでおり，国内MBAスクールでも，ビジネス上の問題解決手法の1つとして学んでいる。

では，このMECEとは，具体的にどのようなものなのか。そして，小論文作成においてどのように活用していくのか。順次説明していく。

① MECEとは

「モレなく，ダブリなく」とはどういうことなのか。以下で，会社の売上低迷の原因を探るケースを用いて，「モレなく」について説明する。このケースは筆者が，講義や講演でよく使用するものであるが，「売上が落ちた」ことの原因として，多くの企業があげるのは「営業力の弱さ」である。売上が落ちると，上司は部下の営業マンに「もっとしっかり営業しろ」「毎日，客先を回れ」

などの指示をしているケースが多いのではないだろうか。しかし，よく考えていただきたい。会社の売上が低下した原因が，本当に営業力にあるのだろうか。会社の売上低下を引き起こしている原因は他にも多くの要因が考えられないだろうか。例えば，「マクロ経済が低迷している」「そもそも商品自体が消費者のニーズに合致していない」「広告宣伝費の削減によって，商品の認知度が低下した」など，原因を考えれば切りがないほどあげられるはずである。にもかかわらず，会社の売上低下の原因を営業力のみに焦点を当てているのである。これは，売上低下の原因を探るにあたって，モレがある典型的なケースである。モレがあることが「なぜ問題なのか」は，説明するまでもないかもしれないが，モレがあると，本当の原因を見逃す可能性が高いのである。上記のケースでは売上低下の原因を営業力のみに焦点を当てているのである。もしかすると，売上低下の原因は，マクロ経済の低迷かもしれないし，会社が広告宣伝費を削減したからかもしれない。モレがあるということは，これらさまざまな要因をすべて無視してしまっているために，本当の原因が何かを把握することができない可能性が高いのである。だから，モレがあってはいけないのである。

次に「ダブリなく」であるが，ダブリがあるとなぜ問題があるのか，こちらも具体例を用いて説明しよう。事業部制組織構造という組織構造をご存知だろうか？　事業部制組織構造とは，市場ごとに独立した事業部をいくつも設けている組織のことである。例えば，関東には関東事業部，中部地区には中部事業部，関西には関西事業部，というように地域（市場）ごとに，独立した事業部を設け，それらを本社（社長）が管理する階層構造の組織のことである。図示すると以下のようになる。

この事業部制組織は，各事業部ともに管轄する地域需要が旺盛で，業務が忙しい場合は問題ない。しかし，現在のように需要が低迷している時代には問題が発生する。というのは，関東事業部が暇になった場合，業務エリアを拡大しようとして，中部エリアに進出するというケースが見られるからである。関東事業部が，中部事業部の管轄エリアに進出すると，関東事業部の営業マン（販売）と中部事業部の営業マン（販売）が，同一の顧客のもとに販売に訪れると

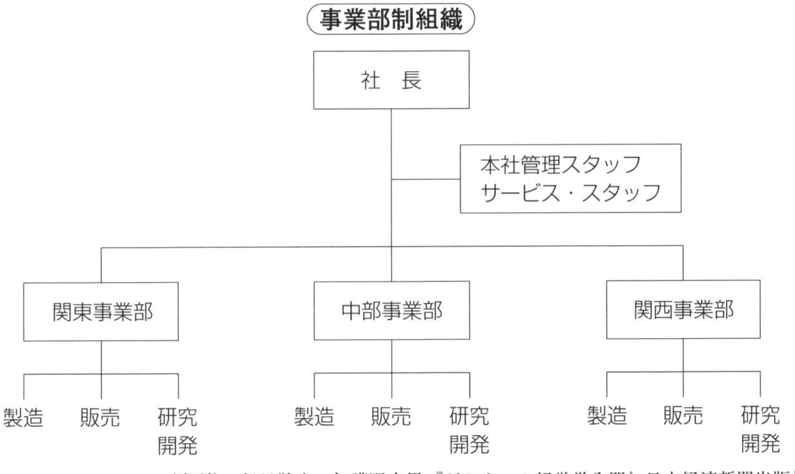

（出所） 伊丹敬之・加護野忠男『ゼミナール経営学入門』日本経済新聞出版社

いう非常に無駄な営業をおこなうことになってしまうのである。別の事業部に属する同じ会社の営業マンが，同一の顧客を訪問するというダブリを引き起こし，非効率な営業がおこなわれるのである。ダブリは，効率性を阻害するのである。

以上の説明から，「モレなく，ダブリなく」というMECEの考え方の重要性をご理解いただけたのではないだろうか。

② MECEを小論文で使いこなす

小論文作成において重要なのは「ダブリなく」である。「モレなく」も重要ではあるが，「ダブリなく」と比較すると相対的に重要度は低い。

では，小論文作成において「ダブリなく」をどのように活用するのだろうか。小論文では，最初に結論，すなわち主張を述べ，次に根拠を述べるというスタイルが好ましいことはすでに説明した。この根拠を述べる際に，「ダブリなく」が役に立つ。先の「株主の発言力の強化」に関する小論文の例を用いて「ダブリなく」がどのように役に立つのかを説明する。

「株主の発言力の強化」に関する小論文例では，「株主の発言力を高めるべきだ」という主張を，「監視機能が強化されるから」「根本的な改革を実施することができるから」という２つの根拠が支えるという形であった。この例のように，根拠を複数提示する場合，その根拠にダブリがあってはならないのである。根拠は２つあると言ったので，２つの根拠は独立したものである必要があり，できるだけダブリがない形で根拠を提示すべきである。

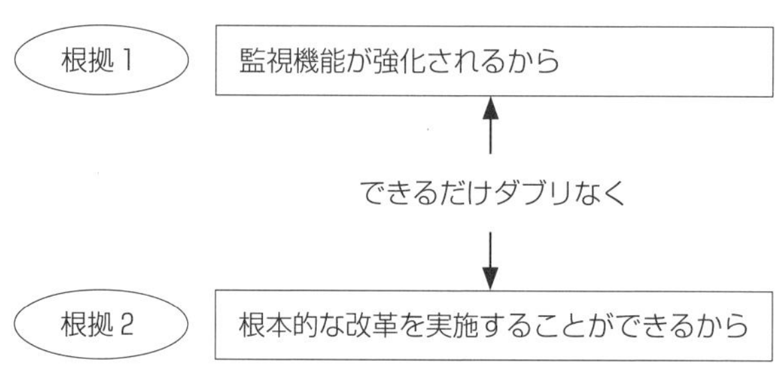

ダブリがある例を紹介してみよう。２つの根拠として，「監視機能が強化されるから」「不正の防止ができるから」を考えてみよう。この２つの根拠はほぼ同じ内容のことを述べており，ダブリのある例の典型である。そもそも「監視機能が強化される」ことによって，「不正の防止ができる」わけなので，この２つは根拠というよりも原因と結果の因果関係を表しているといえよう。このようにダブリがあっては，同じことを繰り返し述べているのと同じことなので，あえて根拠を２つあげる必要はない。ダブリのある根拠を２つあげるならば，根拠は１つだけにすべきである。読み手は，２つの根拠に期待して答案を

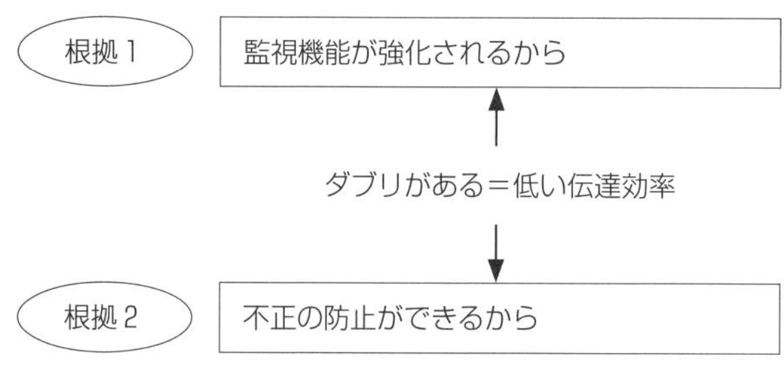

読んでいるのに，その根拠が同じことを繰り返しているだけでは，読み手のメンタルモデルを裏切ることになり，評価はかなり低いものになるのである。

次に，「モレなく」であるが，実際のビジネス上の問題解決では当然モレなく根拠を提示すべきである。しかし，小論文の場合は少し違っている。小論文作成の文字数はだいたい1,000字程度である。この字数内で，モレなく根拠を書くことは物理的に厳しい。モレなく根拠を提示しようとすると，根拠を10以上は示す必要があるかもしれない。10以上の根拠を1,000字程度で読み手が納得するように説明することは不可能だと思われる。よって，筆者の見解ではあるが，「モレなく」はMBA小論文では，こだわる必要はないと考えている。

理想的な小論文の構造

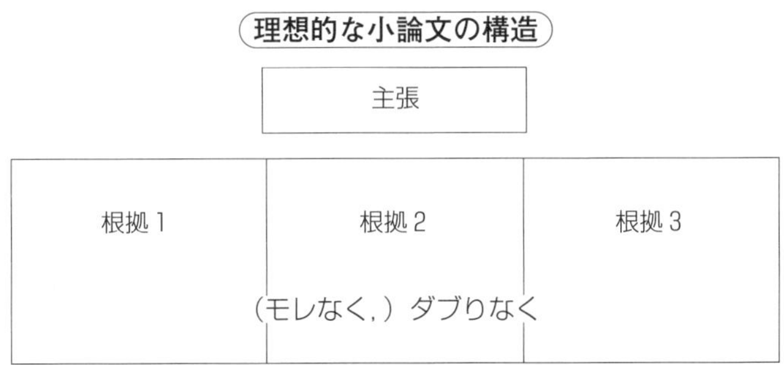

2－2 ロジックツリー

ロジックツリーは，問題の原因を探索し，解決策をより具体的な形で明らかにする際に使用する分析ツールである。ロジックツリーもMECE同様，国内MBAのケーススタディにおけるレポート作成時に多くの学生が用いている手法である。

① ロジックツリーとは

ロジックツリーとは，主要課題をMECEの考え方に基づいてツリー状に分解・整理する技術であり，原因の深掘りや解決策を具体化するのに役立つものである（齋藤，1997）。

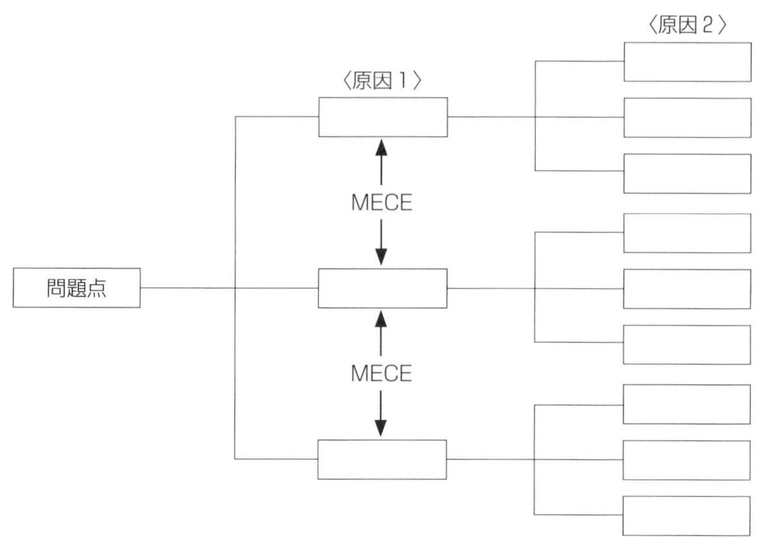

ロジックツリーで問題の原因を深掘りする際は，まず，当然のことながら問題点を明確化する。次に，その問題が発生している原因を「モレなく，ダブリなく」抽出する。これが〈原因１〉である。そしてさらに，原因１がなぜ生じるのか，さらなる原因を探索するのである。これが〈原因２〉である。

具体例で示してみよう。MECEの説明でも用いたが，会社の売上低迷という問題点をロジックツリーを用いて原因を探索してみよう。原因をMECEで考えると，「マクロ経済の低迷」「商品力の低下」「商品認知度の低下」「営業力の低下」「競合他社の増加」があげられたとする。そうすると，ロジックツリーは次の図のようになる。

次に，それぞれの原因について，さらにその原因を探索していくのである。例えば，「商品力の低下」の原因としては，「研究開発力の低下」「競合他社の商品力の向上により，自社の商品力が相対的に低下した」などが考えられる。

「商品認知度の低下」の原因としては，「広告宣伝費削減」「宣伝媒体の選択ミス」などが考えられる。このように，それぞれの原因について，さらにその原因を深掘りしていくのである。そうすると，ロジックツリーは次ページの下

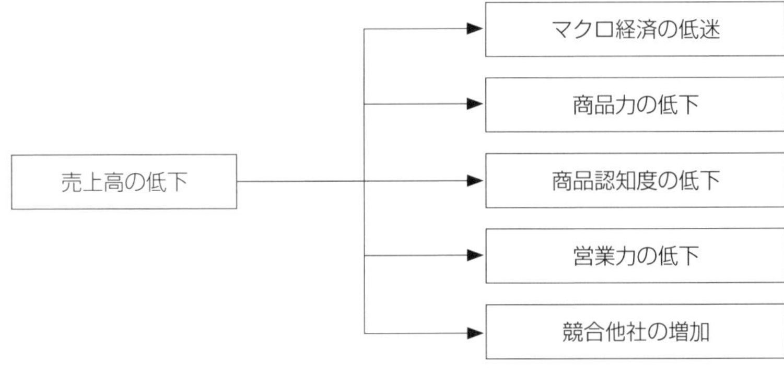

図のようになる。

これによって，売上高低下の原因がMECEの形で表されたことになる。あとは，上記の複数の原因の中で，どの原因が売上高低迷をもたらしているかを明らかにするわけだが，これは下記のロジックツリーで示されたそれぞれの原

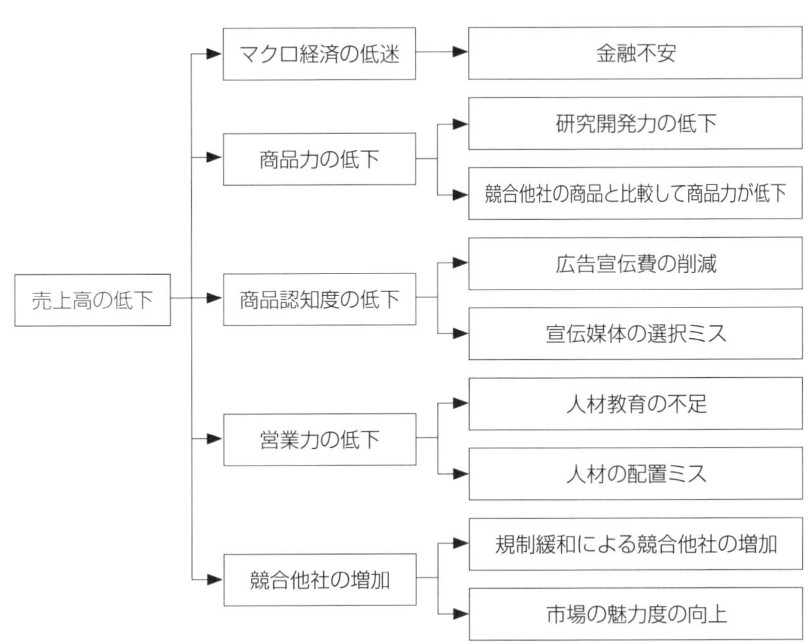

因をもとに質問票（アンケート用紙）を作り，データを収集して統計的手法を用いておこなうことになる。ロジックツリーは，考えられる原因すべてを論理的に表すものであり，分析の基礎となるものである。

② ロジックツリーを小論文で使いこなす

国内 MBA の小論文試験で小論文作成のために与えられている時間は，大学院によって異なるが，おおむね90分～120分である。限られた時間の中で，「主張→根拠→説明」という構成を考えて書かなければならない。そこで，最初に，全体の構成を考えてから書き始めるべきである。その全体構成を考える際にロジックツリーは役に立つ。

以下のようにロジックツリーを書いて，「主張→根拠→説明」という構成をしっかり構築してから，実際の書く作業に入るようにすると，書いている途中で論理的な整合性を損なうリスクを最小限に抑えることができるのである。ぜひ，小論文作成の際には，次のようにロジックツリーを作成してから，書き始めていただきたい。

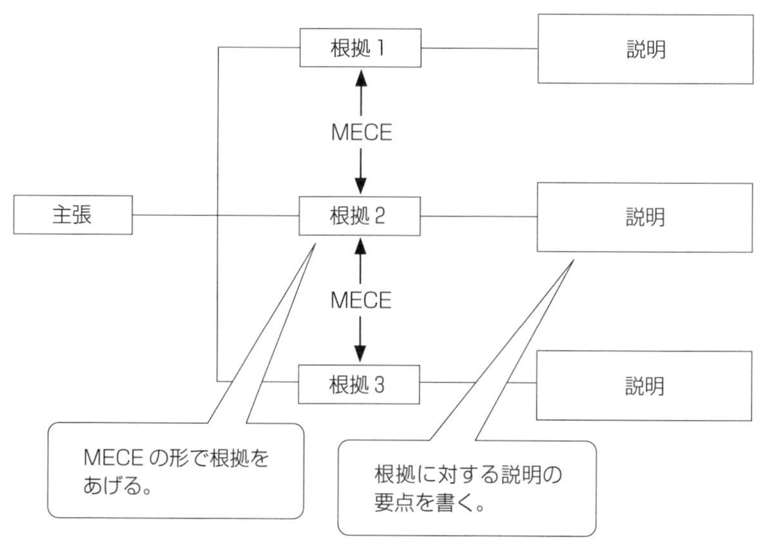

では，先の「株主の発言力の強化」に関する小論文の例を用いてロジックツリーがどのように役に立つのかを説明する。筆者が作成した解答例は，以下のようなロジックツリーを完成させた後に，作成にとりかかった。

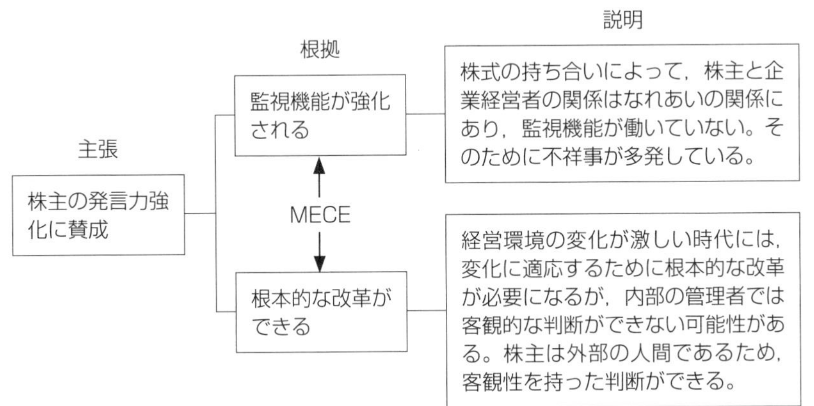

このようにロジックツリーを完成させた後で，実際の答案作成に入れば，「主張→根拠→説明」という流れにおいて，整合性が保てるわけである。よく見かける答案として，根拠で述べたことと違った内容の説明をしているものがあるが，これは論旨の一貫性を欠く答案と見なされ，評価は低くなる。「主張→根拠→説明」という流れを整合的なものにするために，まずはしっかりロジックツリーを作成してから，書き始めよう。そうすれば，コアとなる部分は出来上がっているわけだから，論理的整合性の欠如を防止できるのである。

3 小論文練習問題

これまで学んだことを活かして練習問題を解いてみよう。各自原稿用紙をご用意いただき，制限時間を守って解答していただきたい。

練習問題

既存企業の競争優位が崩れるのはなぜか。その理由を論じなさい。

（制限時間60分，800字程度）

〈解説〉

考え方は，これまで説明してきたとおり，MECEを用いてロジックツリーを作成することから始まる。しかし，これをするには経営学に関する知識が必要になる。知識的に不安な方がいたら，本書の各設問の解説を読んだうえで，解答していただきたい。以下が，筆者が本設問に解答するために作成したMECEを用いたロジックツリーである。

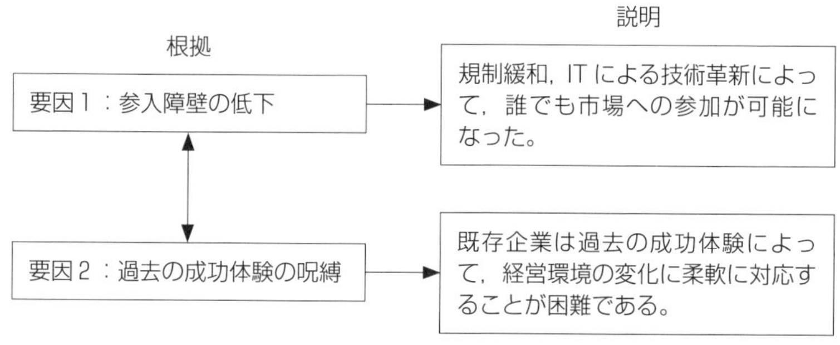

根拠として，「参入障壁の低下」「過去の成功体験の呪縛」を筆者はあげた。どのような根拠を提示するかは，皆さんの自由であるので，筆者の考えにこだわる必要はない。ここであげたのは，あくまでも例である。「参入障壁の低下」に対しては，「規制緩和，ITによる技術革新によって，誰でも市場への参加が可能になったことが，既存企業の競争優位を崩す」という視点から説明している。「過去の成功体験の呪縛」に対しては，「既存企業は過去の成功体験によって，経営環境の変化に柔軟に対応することが困難であるため，競争優位が崩れる」という視点で説明している。このロ

ジックツリーが完成してしまえば，あとはこのロジックツリーをもとに内容を膨らませながら，記述していけばよいのである。

〈解答例〉

既存企業の競争優位が崩壊する理由を，以下の２つの視点で説明する。１つは，「参入障壁の低下」，もう１つは，「過去の成功体験による呪縛」である。

まず，「参入障壁の低下」についてであるが，規制緩和・撤廃，技術革新によって，新規企業の市場への参入が容易になった。具体的には，規制緩和・撤廃によって，誰でも市場への参加資格を得ることができるようになった。また，IT 技術の進歩はワンツーワン・マーケティングやダイレクト・マーケティングに代表されるように，低コストでのマーケティングを可能にした。このようなマーケティング戦略は，市場の成熟化が進む現在においては，非常に有効に機能し，たとえ小資本の新規参入者でも既存の大手企業と対等に競争できるようになったのである。この「参入障壁の低下」が既存企業の競争優位崩壊を促す１つの要因である。

次に，「過去の成功体験による呪縛」であるが，既存企業は，過去の成功体験によって，経営環境の変化に柔軟に対応できなくなっている。既存企業にとって，これまでの活動は，コアコンピタンスとして大事にされ，経営環境の変化に応じて，戦略を変えるのが困難なまでに強化されている。そのために，企業や経営者が過去におこなったことを深く学ぶにつれ，過去の戦略を変えるのは困難になり，変革の必要性を認識することさえ困難になるのである。また，過去の強みが，環境変化によって弱みとなっても，その弱みを克服することは大きな変革を伴うために，抵抗にあい，容易にはなし遂げることはできないのである。新規参入者は，過去の経験がない分，経営環境に適応することは容易である。過去の成功体験に縛られることによる変化への対応の鈍さが，既存企業の競争優位を崩壊に導く２つ目の要因である。

第3章

経営学の時事的な知識が必要な問題

本章では，経営学の時事的な知識が必要な問題として，以下の4つの問題を出題する。

> 第1問：日本企業の低迷
> 第2問：VUCA時代の競争戦略，組織戦略
> 第3問：SDGsへの企業の取り組み
> 第4問：サブスクリプション

「VUCA時代の競争戦略，組織戦略」「SDGsへの企業の取り組み」「サブスクリプション」は，第1章で説明したとおり，さまざまな大学院で出題されており，国内MBA入試における重要なトピックである。最初の「日本企業の低迷」に関しても，そのものズバリではないが，この第1問の解説部分で説明している「ビジネスモデルによる差別化」に関しては，さまざまな大学院で何度も出題されている。本章の4つの問題は，国内MBA入試の小論文作成にあたっての基礎力作りとして最適なものとなっている。

第１問：日本企業の低迷

近年のGAFA（Google，Apple，Facebook，Amazon）と呼ばれる企業の躍進はすごいものがある。かつては日本企業も，「ジャパン・アズ・ナンバーワン（Japan as Number One)」と言われた時代もあった。では，現在の日本企業が低迷するようになってしまった原因は何なのか。あなたの考えを述べなさい。

（字数：1,000字程度，制限時間：60分）

解答例

日本企業が低迷するようになってしまった原因の１つ目は，自社が戦っているビジネスの土俵（業界）に問題がある。その土俵が企業にとって儲かる土俵であればいいのだが，多くの日本企業が戦っているビジネスの土俵（業界）は儲からないのである。

家電業界を例に説明してみる。2009年から2020年までの家電業界の売上高の推移を見てみると，白物家電は横ばいだが，AV 家電は大幅に減少している。このことから，家電業界というのは売上の成長が見込めない業界だといえる。売上が伸びないということは利益を出すには人件費削減などのコスト削減に取り組む必要があるということで，儲かる業界ではないということがいえる。このように自社が属する業界の収益性が悪ければ，企業が儲からずに低迷することになるのである。低迷している業界は，家電業界にかかわらず，日本には多くある。例えば，新聞・出版業界，テレビ業界，ブライダル業界などである。

２つ目の原因は，日本企業が既存製品の延長線上にある製品イノベーションによる差別化にこだわるからである。例えば，事務所にあるコピー機を考えていただきたい。コピー機が出てきた当初は，コピー以外の機能は持ち合わせていなかった。次に出てきた機能が，原稿に対して拡大・縮小してコピーできるというものである。また，片面ではなく両面にコピーするという両面印刷などの機能も登場した。さらに，コピー機各社が差別化のために力を入れた機能が，コピーする速度である。１分間にどれだけコピーできるかということが，顧客がコピー機を選択する上で重要な機能になり，コピー機各社は，コピー速度の競争を開始したのである。

このような既存の製品の延長線上にある製品イノベーションを繰り返していく差別化というのは，その業界に属しているすべての企業が取り組みがちな差別化である。１つの企業が製品の差別化のためにイノベーションを起こしても，すぐに他社が追随してしまうのである。よって業界各社の製品機能は，みんな同じようなものになるのである。どこの会社も同じような製品機能の製品を販売しているとしたら，それは価格競争に陥ってしまい，企業は儲からなくなり，結局，利益が減って低迷することになるのである。

以上，日本企業が低迷するようになってしまった原因は，自社が戦っているビジネスの土俵（業界）に問題がある，そして既存製品の延長線上にある製品イノベーションによる差別化にこだわる，という２点である。

解説

これから日本企業が低迷している原因について説明するが，ここで説明するのは，原因の一例である。その他の原因も多々考えられるが，ここでは皆さんに知っておいていただきたいと筆者が考える低迷原因を取り上げて説明する。

１つ目は，「戦う土俵に問題がある」という点である。これは会社が属している業界がそもそもあまり儲からない（収益性の低い）業界であるという場合である。土俵（業界）の収益性が低ければ，その業界に属している会社は儲からずに低迷するのである。この点を詳しく説明する。

２つ目は，「製品・サービスの差別化」という点である。ここでは，製品・サービスの差別化として，２つの差別化の方法を紹介する。１つ目の差別化は，「既存製品の延長線上にある差別化」である。２つ目は，「既存製品の延長線上にはない新たな価値を創造する差別化」である。この２つの差別化が企業の収益性にどう影響を及ぼすのかを説明する。そして，日本企業が低迷から脱するには，どちらの差別化を実施すべきか筆者の考えを提示する。

最後は，低迷原因ではないが，「ビジネスモデルの差別化」について説明する。ビジネスモデルの差別化が実現すれば，日本企業も低迷することから脱却できる。ぜひ，日本企業にもビジネスモデルにおける差別化を実現してほしいとの願いを込めて説明する。この部分は，低迷から脱却するための方法としてお読みいただきたい。

では，詳しく見ていこう。

企業の優位性の次元を分析するフレームワーク

ビジネスモデルの差別化	企業の採用しているビジネスモデルが持続的な優位性を発揮できる差別化ができているか。
製品・サービスの差別化	企業が提供している製品・サービスが持続的な優位性を発揮できる差別化ができているか。
企業が戦う土俵	企業が属している土俵，すなわち業界が収益性が高いのか低いのかを分析する。

（出所） 筆者作成

1　低迷原因：戦う土俵に問題がある

日本企業が低迷するようになってしまった原因の１つ目は，自社が戦っているビジネスの土俵に問題がある。その土俵が企業にとって儲かるものであればいいのだが，多くの日本企業が戦っているビジネスの土俵は儲からないのである。

儲かる土俵でビジネスをおこなっていれば，極端な話，製品を作ればマーケティングなど何もしなくても売れていく。戦後の日本の高度経済成長期のようなイメージである。逆に，儲からない土俵でビジネスをおこなっていては，製品を作っても，マーケティングを一生懸命やっても売れずに，儲からない。バブル崩壊後の日本が，この状況である。

ということで，日本企業が低迷している原因を探る１つ目の方法は，競争の土俵はどうか，魅力的な土俵で自社は戦っているか，という点を調査することである。なお，ここでいう土俵とは，別の言い方をするならば，業界と言い換えられる。例えば，家電業界とか，出版業界とか，予備校業界といった業界のことである。

最初に，家電業界を例に説明してみる。家電業界という土俵は儲かるのか，儲からないのかを考えてみる。

家電業界の2009年から2019年までの販売額の推移を表したのが，以下の表である。以下は，「業界動向 SEARCH.COM」からの引用である。ここでは，白物家電（炊飯器・冷蔵庫・洗濯機など）と AV 家電（テレビ，DVD プレイヤー，ステレオなど）の販売額の推移を示す。

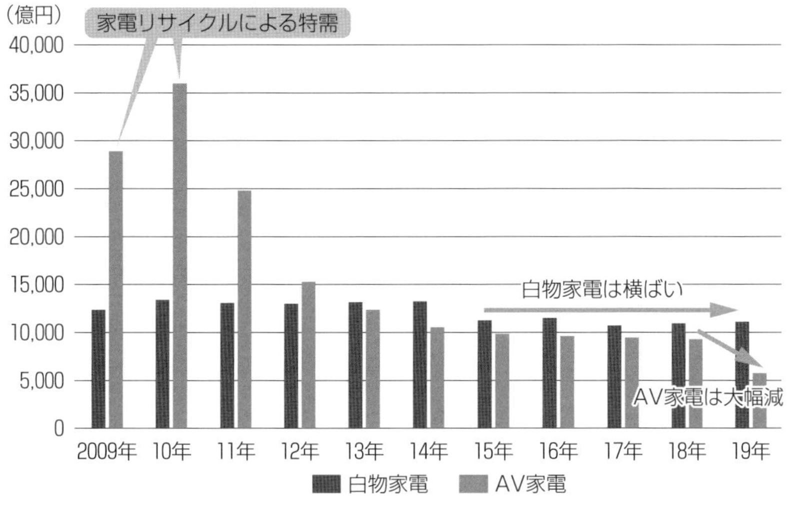

（出所） 業界動向 SEARCH.COM

2009年から2019年までの推移を見てみると，白物家電はほぼ横ばいだが，AV 家電は大幅に減少していることが理解できる。このことからいえることは，家電業界というのは売上の成長が見込めない業界だといえる。売上が伸びないということは利益を出すには人件費削減などのコスト削減に取り組む必要があるということで，儲かる業界ではないということがいえる。

このように自社が属する業界，ここでは戦う土俵と呼んでいるが，土俵が悪ければ，企業が儲からずに低迷することになるのである。低迷している業界は，家電業界にかかわらず，日本には多くある。例えば，新聞・出版業界，テレビ業界，ブライダル業界などがある。以下，詳しく見ていこう。

新聞・出版業界という紙媒体を販売する業界というのは販売額が，1996年をピークに軒並み右肩下がりとなっている。新聞・出版業界の低迷は，デジタル化が進む現在においてはやむを得ないことである。紙媒体を主戦場としている会社は，儲からずに低迷するのである。

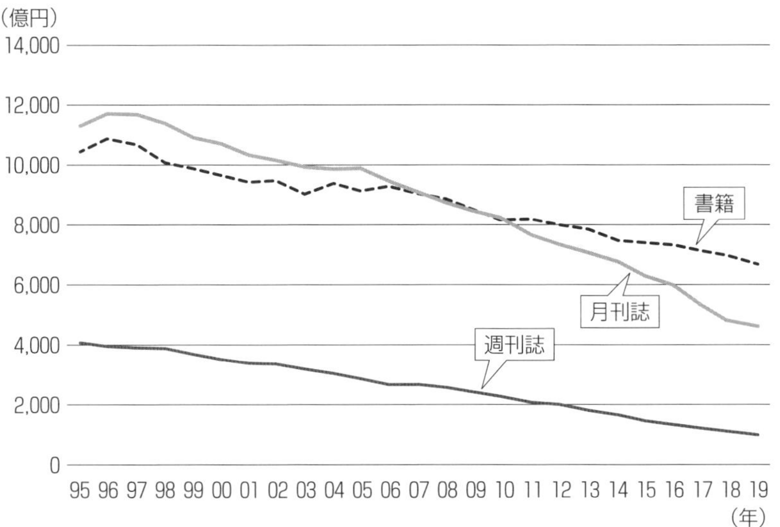

（出所） 公益社団法人全国出版協会『出版指標年報 2020年版』

次が，テレビ業界である。世代別に2016年のテレビ視聴時間を見ると，10代89.0分，20代112.8分，30代147.5分，40代160.5分，50代180.6分，60代

259.2分となっている。年代が上がるにつれて視聴時間は長くなり，60代では10代の３倍近くテレビを視聴していることになる。

世代別テレビ視聴時間の推移

	2012年	2013年	2014年	2015年	2016年
10代	102.9分	102.5分	91.8分	95.8分	89.0分
20代	121.2分	127.2分	118.9分	128.0分	112.8分
30代	158.9分	157.6分	151.6分	142.4分	147.5分
40代	187.4分	143.4分	169.5分	152.3分	160.5分
50代	219.2分	176.7分	180.2分	219.8分	180.6分
60代	263.0分	257.0分	256.4分	257.6分	259.2分

（出所）　総務省「平成28年度情報通信白書」

10代および30代では2012年以降，テレビ視聴時間は一貫して減少しており，20代でもおおむね減少傾向にある。そのほかの年代でも2012年との比較では，視聴時間は減少している。テレビ業界も，戦う土俵としての魅力度は減少している。なので，テレビ業界もかつてのようにどんどん儲かる業界ではなくなってきていて，徐々に低迷しつつあるといえる。

最後がブライダル業界である。少子高齢化，婚姻率の低下，生涯独身率の上昇，ブライダル業界を取り巻く環境はかなり厳しい状況である。結婚式をあげるカップルも減少傾向で，スモール結婚式，フォト婚などお金をかけない結婚式もたくさん出てきている。

日本の婚姻件数

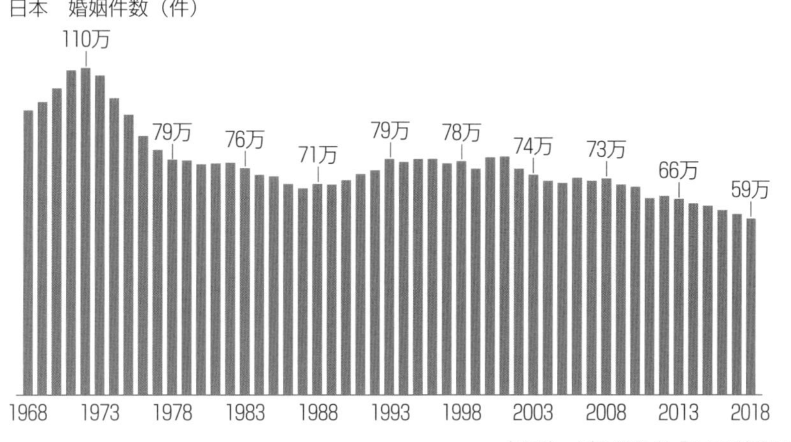

（出所）厚生労働省「人口動態統計」

婚姻数はピーク時の半分程度にまで減少し，さらに追い討ちをかけるように2020年はコロナの影響で中止が相次ぎ，この業界はかなり厳しくなっている。ブライダル業界も土俵としての魅力度は低く，なかなか儲からない業界であるために低迷しているといえるのである。

以上で説明したきたように，低迷しているからといって，マーケティング戦略が悪いとか，人材のモチベーションが低いとかという話ではなく，そもそもの話として，自社が戦っている土俵，すなわち業界に問題があるのである。この場合の対応策は２つある。

１つは，「多角化」である。これは，別の業界で新たなサービスを始めることを意味している。例えば，電機メーカーのソニーが生命保険会社であるソニー生命を作ったような形での多角化である。

もう１つは，戦う土俵は変えずに，その土俵内で，「製品・サービスの差別化を図る」，あるいは，「ビジネスモデルの差別化を図る」である。以下では，「製品・サービスの差別化を図る」，あるいは，「ビジネスモデルの差別化を図る」の２点について説明する。「多角化」に関しては，別の業界に参入するということなので，新規事業創造ということになる。新規事業創造に関して，本問題の解説部分で説明するのは，話がズレてしまうので，ここでの説明は省略させていただく。

2　製品・サービスの差別化

ここでは，製品の差別化として，２つの差別化の方法を紹介する。１つ目の差別化は，「既存製品の延長線上にある差別化」である。２つ目は，「既存製品の延長線上にはない新たな価値を創造する差別化」である。この２つの差別化のうち，前者の差別化は，低迷を脱することはできずに，現状のままの状態を維持する，もしくはさらに低迷させてしまうような意味のない差別化である。後者の差別化は，仮に事業をおこなっている土壌が悪くても（先に説明した家電業界のような儲からない業界であっても），その状況を克服して，儲かる状態になり，低迷を脱することができるような差別化である。

2－1　既存製品の延長線上にある差別化

まず，既存製品の延長線上にある差別化について説明する。例えば，事務所にあるコピー機を考えていただきたい。コピー機が出てきた当初は，コピー以外の機能は持ち合わせていなかった。次に出てきた機能が，原稿に対して拡大・縮小してコピーできるというものである。例えばＡ４サイズの原稿をＡ３サイズの大きさに拡大してコピーできる機能，逆にＢ４サイズの原稿をＡ４サイズに縮小してコピーできる機能である。また，片面ではなく両面にコピーするという両面印刷などの機能も登場した。その上で，さらにコピー機各社が差別化のために力を入れた機能が，コピーする速度である。１分間にどれだけコピーできるかということが，顧客がコピー機を選択する上で重要な機能になり，コピー機各社は，コピー速度の競争を開始したのである。

今では上記のような機能は当たり前となっており，FAX機能，パソコンと接続してネットワーク機能を持たせるなど，さらなる高機能化の競争になっている。

既存製品の延長線上にある製品イノベーションによる差別化

コピー機の既存製品ありきの製品イノベーションによる差別化の事例

（出所） 筆者作成

このような既存の製品の延長線上にある製品イノベーションを繰り返していくことを，ハーバード大学ビジネススクールのクリステンセンは持続的イノベーションと呼んでいる。第4章の第1問で説明している破壊的イノベーションと対比して理解していただきたい。

この既存の製品の延長線上にある製品イノベーションを繰り返していく差別化というのは，その業界に属しているすべての企業が取り組みがちな差別化である。実際，上記のコピー機の例では，どのコピー機メーカーも同じような製品機能になっている。1つの企業が製品の差別化のためにイノベーションを起こしても，すぐに他社が追随してしまうのである。よって業界各社の製品機能は，みんな同じようなものになるのである。

どこの会社も同じような製品機能の製品を販売しているとしたら，それは価格競争に陥ってしまい，企業は儲からなくなり，結局，利益が減って低迷することになるのである。

よって，既存製品の延長線上にある差別化では，低迷を脱することはできずに，現状のままの状態を維持する，もしくはさらに低迷させてしまうような意味のない差別化なのである。このような既存製品の延長線上にある製品イノベーションによる差別化をおこなっている企業が日本企業には多いために低迷しているのである。

2－2　既存製品の延長線上にはない新たな価値を創造する差別化

次に，「既存製品の延長線上にはない新たな価値を創造する差別化」について説明する。こちらもいきなり事例をあげてみよう。ダイソンの掃除機である。ダイソンの掃除機こそ，既存製品の延長線上にはない新たな価値を創造する差別化を実施している製品である。なので，ダイソン社は，掃除機という先に説明した戦う土壌（業界）としては，あまり儲かる土壌ではないにもかかわらず，高収益を実現し，絶好調の会社である。既存製品の延長線上にはない新たな価値を創造する差別化ができれば，低迷から脱することができるのだが，日本企業はこの点が苦手のようである。

ダイソンは，創業者のジェームズ・ダイソンによって1993年に設立された会社である。創業者のジェームズ・ダイソンは，従来型の紙パック式掃除機が，紙パックが満杯になっていなくても吸引力が落ちてきて交換しなければならないことに気がついた。そこで，「フィルターを定期的に交換するか，あるいは，水洗浄することにより，紙パックが不要になる方式」として，デュアルサイクロン方式を発想・開発した。また，ダイソンの掃除機は，スケルトンで中が見えるため，どのくらいのゴミが取れたのかが確認できる。そして，１回ごとにゴミを捨てることができるという画期的な機能がたくさん付いた掃除機となっている。既存の掃除機は，紙パックが満杯になったら交換するタイプであるので，紙パック不要のデュアルサイクロン方式というのは既存製品の延長線上にはない新たな価値を創造する差別化といえる。

既存製品の延長線上にはない新たな価値を創造する製品イノベーションによる差別化が実現できるならば，仮に戦う土俵が儲からない状態であっても，その差別化ができている会社だけは儲かるので，低迷することはない。

掃除機のような家電製品が現在売れない理由は，すでにすべての家庭に普及してしまい買う必要がないからである。買うとしたら，現在持っている掃除機が壊れた場合の買い替え需要である。買い替え需要以外には，地方の方が大学進学や就職の際に都市に引っ越す場合くらいである。どんどん売れる商品ではない。

しかし，ダイソンのような新たな価値を創造している掃除機はそんなことはない。「フィルターを定期的に交換するか，あるいは，水洗浄することにより，紙パックが不要になる方式」というのは，すべての人に魅力的な機能である。すでに掃除機を持っている方も，既存の掃除機からダイソンの掃除機に乗り換える人も多く出てくる。そうなると，ダイソンの掃除機はどんどん売れるのである。ダイソンのように，既存製品の延長線上にはない新たな価値を創造する製品イノベーションによる差別化が実現できるならば，仮に戦う土俵が儲からない状態であっても，その差別化ができている会社（ダイソン）だけは儲かるので，低迷することはないのである。

多くの日本企業に必要なのは，ダイソンのような既存製品の延長線上にはない新たな価値を創造する製品イノベーションによる差別化なのである。

3 ビジネスモデルの差別化を図る

戦う土俵が儲からない業界であったならば，企業は低迷するという話をしてきたが，仮に戦う土俵が儲からない業界であったとしても，ビジネスモデルの差別化を図ることで，儲かる企業になることが可能である。こちらも，ビジネスモデルの優位性ゆえに儲かっていて低迷とは無縁の企業である楽天を取り上げ説明する。

楽天は日本を代表する企業であり，本社は二子玉川「楽天クリムゾンハウス」に位置する。楽天は，Ｅコマースの楽天市場を中心に，楽天トラベルに楽天ブックスを展開している。それ以外にも，携帯電話の楽天モバイル，楽天カード，楽天銀行，楽天証券，楽天生命といった金融事業，さらにはプロ野球チームの東北楽天イーグルス，サッカーチームのヴィッセル神戸まで，インターネットの枠を超えて，幅広くサービスを展開する企業である。

この楽天の強みは，皆さんもご存知の「楽天ポイント」である。楽天は上記のとおりさまざまな事業をおこなっているが，楽天の提供するすべてのサービスにおいて通貨のように使える「楽天ポイント」こそが楽天のキモであり，これがあるからこそ多くの人が楽天のサービスを利用する要因なのである。

例えば楽天市場において1,000円の買い物をすると最低でも１％の楽天ポイント（10円分）が付与される。この10ポイントは買い物やサービスを利用する時に10円分として使うことができる。そして，楽天ポイントが使える事業者の範囲がとても広いのである。まず楽天系のサービスである楽天市場，楽天トラベル，楽天ブックス，楽天モバイルなどのサービスならば，どこでもポイントが使えるのである。さらには，他企業と連携した「楽天西友ネットスーパー」や「楽天ビックカメラ」でもポイントが使える。また，「楽天ペイ Suica」といったサービスもある。これは楽天ポイントを Suica にチャージできるサービスである。ポイントが Suica にチャージできるならば，ポイントを貯めて，コンビニで買い物に使ったり，電車に乗ったりが楽天ポイントでできるようになることを意味し，消費者にとっては楽天で買い物をして，楽天ポイントを貯めるモチベーションになると考えられる。

さらにキャッシュレス決済の楽天ペイや楽天ポイントカードを使えば，街中のコンビニエンスストアやスーパーや飲食店でも貯めたり使ったりができるのである。

上記のとおり，楽天は日常的に必要となるすべてのサービスを提供し，そこでの購入で得たポイントは，楽天や提携店舗どこでも使えるようになっているのである。筆者の自宅の近くにサンドラッグというドラッグストアがあるが，ここでも楽天ポイントが貯まり使うこともできるという。楽天という枠を超えて楽天ポイントは有効になっているのである。

楽天経済圏

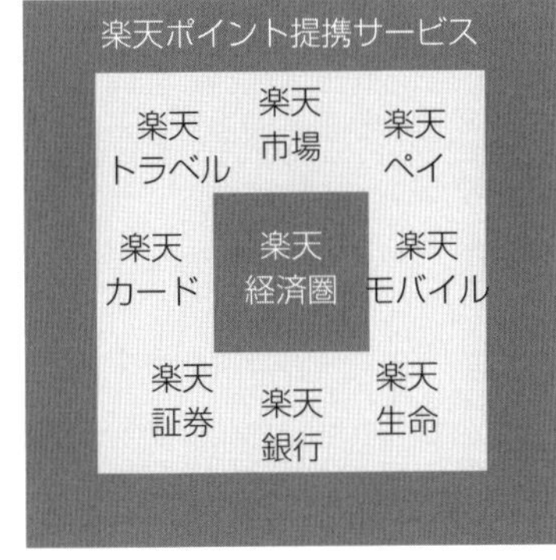

（出所） 筆者作成

これを楽天経済圏と呼んでいる。楽天ポイントを獲得すれば，日常生活のあらゆる場面で使うことができ，楽天ポイントがまさに通貨のような機能を果たしているのである。この楽天経済圏というビジネスの優位性は，楽天が扱っている商品が差別化されているという次元ではない。楽天ポイントを軸に，それを貯めたり使ったりできる加盟店舗やサービスの多さというネットワークの持つ優位性である。楽天経済圏とまでいわれるネットワークを築き上げるのは一朝一夕ではできない。この誰も模倣できないネットワークに根ざした楽天のビジネスモデルは大きな優位性を持っているのである。

楽天のように，ビジネスモデルによる差別化が実現できるならば，個々の商品での差別化の次元ではなく，仕組みによる差別化になるため，簡単には競合他社が模倣できない。この次元での差別化ができている会社（楽天）は儲かるので，低迷することはないのである。

多くの日本企業に必要なのは，製品・サービスの差別化ではなく，楽天のようなビジネスモデルにおける差別化なのである。

第２問：VUCA時代の競争戦略，組織戦略

最近，ビジネス誌などでVUCA時代という言葉をよく目にする。VUCAとは，以下の４つの単語の頭文字をとった造語である。

V（Volatility：変動性）

U（Uncertainty：不確実性）

C（Complexity：複雑性）

A（Ambiguity：曖昧性）

Vの変動性というのは，テクノロジーの進化や，それに伴ってさまざまな価値観や社会の仕組み，顧客ニーズなどが変化していくことを指す。

Uの不確実性は，自然環境や政治・国家，制度などの不確実さを指している。地球の温暖化に伴う気候変動，また新型コロナウイルスのような未知の疾病など，唐突に訪れる問題を予測することは困難であるという意味で不確実な状況にあるということを指している。

Cの複雑性は，経済がグローバル化したことにより，ビジネスが複雑化していることを意味している。日本では成功事例のあるビジネスでも海外では通用しなかったり，逆に海外で成功したビジネスが日本では通用しなかったりすることがある。

Aの曖昧性は，過去の実績や成功例に基づいたやり方では通用しない，曖昧性の高い世界へと突入していることを指している。

（設問１）

上記の文章を理解した上で，VUCA時代における競争優位のあり方について，あなたの考えを述べなさい。

（設問２）

VUCA時代における組織のあり方について，あなたの考えを述べなさい。（字数：合計で1,200字程度，制限時間：90分）

解答例

（設問１）

VUCA時代を「先行きが不透明で，将来の予測が困難な状態」と定義すると，VUCA時代の競争上の優位性は，「一時的な競争優位」を連鎖するように獲得していくような形である。以下，具体的に説明する。

VUCA時代を上記のように定義した場合，VUCA時代前は，「先行きが見通せて，将来の予測が可能な状態」という状況であり，日本で考えると，1990年代前半のバブル期までの状態である。特に，1960～70年代の高度経済成長期は，この状態に該当するといえる。この時代は，顧客市場は拡大し，競争状況は限定的であったため，１つの商品を出してそれが売れれば，一定期間は安定的に業績をあげることができた。しかし，VUCA時代には，いきなりライバルが現れて自分の会社の優位性が一気に崩れることもあるのである。従来のような戦略を採用していては優位性は維持できないのである。

長期にわたる優位性を構築できないという前提で考えると，企業は一時的な優位性を連続して発揮し続けることである。いきなりライバルが現れて優位性を失ったとしても，その後ふたたび競争優位を獲得するのである。優位性の連鎖である。VUCA時代の優位性の形とは，長い間，安定して競争優位を保っているのではなく，一時的な優位性を鎖のようにつないで，結果として長期間に高い業績を達成できている企業なのである。

（設問２）

VUCA時代の組織として最適なものは，機能横断型チームである。組織の基本的な形態は，職能型組織というものである。職能型組織とは，人事，経理，研究開発，購買，製造，販売（営業）といった職能ごとに区切られた組織である。この組織では，意思決定はすべて経営者がおこなう必要があり，現場では意思決定ができない。そのため，すべて経営者の判断を仰ぐ必要があり，意思決定に時間がかかってしまう。迅速な対応が必要になるVUCA時代には大きな弱みとなってしまうのである。

そこで，VUCA時代の組織として最適なものは，機能横断型チームである。職能型組織の各職能である研究開発，購買，製造，販売（営業）からそれぞれ数名の従業員を集め，特定の課題や目標の達成に当たらせ，達成したら解散する時限的な組織である。例えば，新製品開発のプロジェクトである。新商品を開発して，販売するまでの流れには，各職能（研究開発，購買，製造，販売）すべての力が必要である。そこで，各職能から数名ずつ人を集めて，さまざまな職能の従業員で構成されたチームを作るのである。小規模なチーム型組織であるので，職能が異なっても議論しやすいし，多様なバックグラウンドの人材が交わることで，新たなアイデアが生まれ，新製品開発には最適である。そして，このチームには，大幅な権限委譲をする。細かな点は，すべてチーム内で意思決定できるようにする。ある程度の金額の投資が必要な場合にだけ決裁を仰ぐようにする。その場合も，直接社長の決裁を仰ぐことができる管理体制を作っておく必要がある。社長直轄のプロジェクトチームという形である。こうすることによって，従来型の職能型組織の欠点である意思決定の遅れを克服することができる。

解説

VUCAは第1章で説明したとおり，関西学院大学大学院経営戦略研究科で出題されているが，今後は他大学でも出題の可能性は十分あるので，国内MBA受験生全員に読んでいただきたい。

問題文を読むと，VUCAという概念は，一言でいうと「先行きが不透明で，将来の予測が困難な状態」と解釈できる。ここでは，「先行きが不透明で，将来の予測が困難な状態」における競争優位の形について考えてみる。

VUCA時代を「先行きが不透明で，将来の予測が困難な状態」とすると，VUCA時代前というのは，「先行きが見通せて，将来の予測が可能な状態」と解釈できる。そこで，ここでは「VUCA時代前」と「VUCA時代」の2つに分けて競争優位の形について考えてみることにする。

1　VUCA時代前の競争戦略

「先行きが見通せて，将来の予測が可能な状態」というのは，日本で考えると，1990年代前半のバブル期までの状態である。特に，1960～70年代の高度経済成長期は，この状態に該当するといえる。バブル期までの日本の状況というのは具体的にどういうことなのか，以下で説明する。

こういった分析をする際には，3C分析というのが役に立つ。3C分析というのは，「3つのCを分析する」ということで，市場（Customer），競合企業（Competitor），自社（Company）を分析することを意味している。では，3Cでバブル期までの日本企業の状況を分析してみる。

まず，市場である。市場とは顧客市場のことである。バブル期までの日本の市場というのは，少子高齢化ということもなく，人口も増加しているため購買力は高かった。また，1960～70年代というのは，現在のようにすべての製品が各家庭に揃っていたわけではなかった。テレビやエアコンがない家庭も多かった。そのために，日本の製造業が製品を売り出せばどんどん売れるという状況で，市場は成長していた。

次に，競合企業である。ライバル企業がどのくらいいたのかということである。当時は外資系企業は日本には少なく，ライバル企業との競争といっても，競争相手は外資系企業ではなく日系企業のみであった。そのため，競争はそれほど激しくはなかった。1997年に完全自由化されるまでは，外資系企業が，日本に参入するには，事前の届出や許認可が必要であった。バブル期までは，今のような外資系企業がどんどん日本に参入するような状況ではなかったのである。

最後が，自社である。上記のように，市場が成長し，ライバル企業も国内の企業だけで競争がそれほど激しくない状況なので，自分の会社は売上があがり，利益も出ていたのである。

このようにバブル期までの「先行きが見通せて，将来の予測が可能な状態」にある場合に，日本企業は，どんな競争戦略を採用してきたのだろうか。この点を次に考えてみる。

競争戦略のフレームワークにマイケル・ポーターが考案した「３つの戦略」がある。まずは，３つの戦略について説明して，その上で，バブル期までの日本企業の戦略はどのような戦略だったのかを考えてみる。

３つの戦略とは，コスト・リーダーシップ戦略，差別化戦略，集中戦略である。このうち，集中戦略は，コスト集中戦略と差別化集中戦略の２つに分類される。図示すると，以下のようになる。

3つの戦略

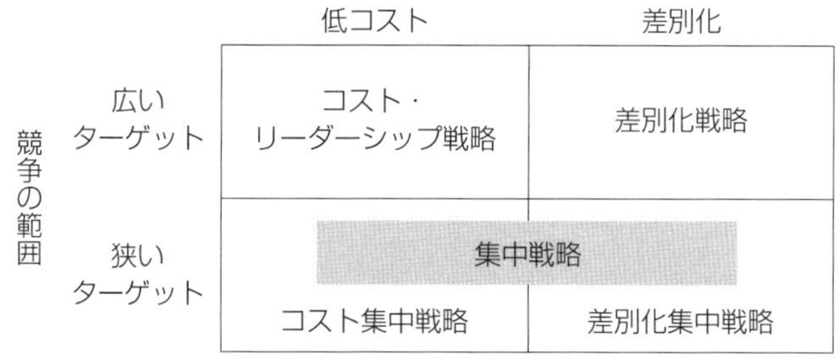

（出所）Ｍ・Ｅ・ポーター（1982）『新訂 競争の戦略』ダイヤモンド社

３つの戦略のフレームワークは，縦軸に，競争の範囲として，ターゲットを広くするか，狭くするかで分類する。ターゲットの幅を広くするということは，老若男女すべての人をターゲットに商品・サービスを売り出すことであり，ターゲットを狭くするというのは，特定の人だけ（例えば，高収入で都会に住む人）をターゲットに商品・サービスを売り出すということである。

横軸は，競争優位の源泉を，低コストにするか，差別化にするかで分類する。低コストとは，「同じ商品を提供するなら，安く提供できるほうが競争に勝利する」という考え方であり，差別化とは，「多少価格は高くても，それ以上に価値があるものを提供すれば競争に勝利する」という考え方である。

このフレームワークをもとに考えると，日本企業の多くは，「コスト・リーダーシップ戦略」を採用してきたといえる。日本企業というと，総合商社，総合電機メーカーというように，「総合」と付く傾向がある。それは，ターゲットを特に定めずに，老若男女すべての人をターゲットにして，高品質で価格は抑え目にする，という戦略である。すべての人をターゲットに大量生産をすることでコストを安くする。ただ，大量生産といっても，日本人特有の細やかさや気配りの精神に基づいて生産されるので，品質は高く，粗悪な製品が多い外国製品などとは次元の違う高品質さなのである。この高品質な製品を比較的抑え目の価格で販売するので，どんどん売れたというのが，日本企業の高度経済成長期からバブル期までの特徴であった。

なぜ差別化や集中戦略を採用しなかったのかというと，市場の成長性が，ライバル企業との競争圧力を吸収してしまうからなのである。ライバル企業の存在など気にせずに，ただただ製造してきたのである。そこにはマーケティングといった視点もほとんどなかった。それでも売れたのである。なので，わざわざターゲットを定めるような集中戦略は不要であった。

また，差別化戦略を採用しなかったのは，日本企業特有の横並びの精神がある。他社がやっているからわが社もやる，という発想が日本企業には存在する。総合電機メーカーといわれた日立や東芝などのバブル期までの事業内容を見ていただきたい。驚くほど事業内容が似ている。市場が成長し，競合企業が限定されている状況では，差別化などの戦略的な視点は不要だったのである。他社と横並びの発想で十分に儲かったのである。その証拠に，読者の皆さんの会社にいる50代以上の方々を見ていただきたい。戦略的な思考をする50代以上の方はほとんどいないのではないだろうか。長時間労働，男尊女卑など現在にはそぐわないタイプの人が多いと思われる。当時はそれでも問題なかったのである。ただ，現在では即リストラ要員になるはずである。

ということで，バブル期までの日本企業は，特に戦略的な視点を持つことなく，他社と横並びのコスト・リーダーシップ戦略を採用してきたのである。優位性の形としては，１つの商品・サービスを売り出せば，一定期間は売れ続け，優位性は安定していたのである。安定的な優位性を構築しやすかった時代といえる。

では，VUCA時代においては，これまでの日本企業の競争優位の形はどう変わったのだろうか。次項で見ていく。

2　VUCA時代の競争戦略

VUCA時代を「先行きが不透明で，将来の予測が困難な状態」とすると，過去と同じことをしていたのではうまくいかない。

VUCA時代は，従来のように，市場が成長しているわけではない。少子高齢化で人口が減っており，日本国内を見ると市場自体は縮小しているのである。さらには消費者が必要なものを一通り持っているので，消費者のニーズは多様化していて，どんな商品を消費者が欲しがっているのかがつかみにくくなっている。市場は縮小しニーズが多様化しているのである。

ライバルとの競争も以前のように規制で守られているわけでもなく，世界各国からライバルが日常的に現れる状況である。いつどこからライバル企業が現れるのかがわからないのである。例えば，ホテル業界では「Airbnb」というサービスが競合として生まれた。従来のホテルは，ホテルをたくさん建て，従業員を雇い，日々稼働率を意識しながら空室を埋める施策を考えてきたが，Airbnbでは，一般の人が持っている施設と旅行者をうまく繋ぎ合わせ，会社としてはリスクを取らずに宿泊したら収益が入ってくるというビジネスモデルを作ったのである。書店業界も百貨店業界も同じである。楽天やアマゾンなどのＥコマース系の会社に優位性を奪われてしまっている。このように，まったく想定しなかったところから新たなライバル企業が出現するということが日常的に起きるのである。

このような状況下では，従来と大きく異なるのが，競争優位をいかにして持続させるかである。バブル期までの市場が成長し，競争が限定的な場合は，１つの商品を出してそれが売れれば，一定期間は安定的に業績をあげることができた。しかし，上記で説明したVUCA時代には，いきなりライバルが現れて自分の会社の優位性が一気に崩れることもあるのである。従来のような優位性は一定期間は継続するという形は通用しなくなっているのである。

ここからは，VUCA時代に競争優位を維持するための競争戦略について説明する。チューレーン大学のロバート・ウィギンズとテキサス大学のティモシー・ルエフリの２人の研究はVUCA時代の競争戦略として，本設問の解答にふさわしいと考え，この２人の研究内容を紹介する。なお，２人の研究内容に関しては，早稲田大学ビジネススクールの入山章栄教授の著書『世界の経営学者はいま何を考えているのか』（英治出版）からの引用である。

では，入山（2012）を引用しながら説明する。

ウィギンズとルエフリは，1972年から1997年までの全米の40産業にわたる6,772社の投資利益率などの時系列データを用いて，企業が10年以上続けて同じ業界のライバルよりも高い業績を残していた場合を「持続的な競争優位」を持つとみなした。そして，そのような企業はどのくらいあるのかを分析した。結果は，以下の３点である。

① アメリカでは「持続的な競争優位」を実現する企業はたしかに存在するが，その数はすべてのうちの２～５％にすぎない。

② 近年になればなるほど，企業が競争優位を実現できる期間は短く

なっている。すなわち，持続的な競争優位を実現することは，どんどん難しくなってきている。これはアメリカの産業全般に見られる傾向である。

③　他方で，いったん競争優位を失ってから，その後ふたたび競争優位を獲得する企業の数が増加している。すなわち，現在の優れた企業とは，長い間，安定して競争優位を保っているのではなく，一時的な優位を鎖のようにつないで，結果として長期間に高い業績を得ているように見えているのである。

まとめると，現在の競争優位は持続的ではなく，一時的なのである。そして，「一時的な競争優位」を連鎖するように獲得していくことが，現代の企業に求められることなのである。以下の図のようなイメージである。

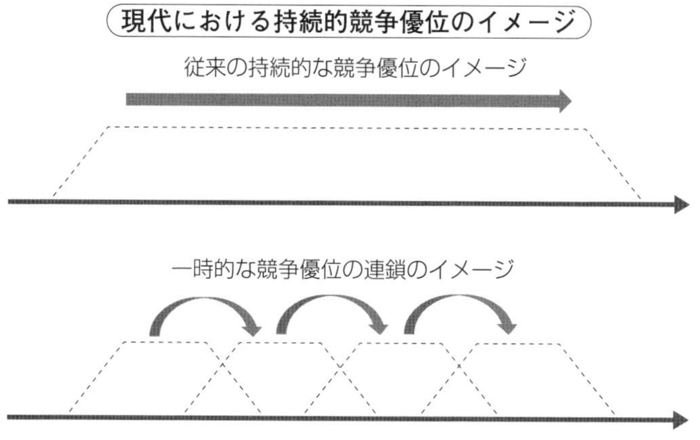

（出所）　入山章栄（2012）『世界の経営学者はいま何を考えているのか』英治出版

以上，入山（2012）から引用したが，VUCA 時代の競争優位のあり方についてご理解いただけたであろうか。市場が成長し，競争が限定的な時代の競争優位は，図の上のイメージである。一度，優位性を獲得したら，一定期間は安定的な状況を維持できるのである。しかし，VUCA 時代は，市場は成熟化し，ニーズは多様化し，競争が非常に激しいとなると，一度優位性を築いてもすぐにその優位性は失われてしまうので，次の手を打って新たな優位性を構築する必要があるということである。ユニクロやアップルが優位性を持続しているのは，これによって説明できる。ユニクロはフリースに始まり次々にヒット商品を出している。ヒートテック，エアリズム，ウルトラライトダウンという形で次々にヒット商品を生んで競争優位を維持している。アップルも同じである。iMac，iPhone，iPod，iPad，MacBook Air などのヒット商品を次々にリリースしている。

3　VUCA 時代の組織戦略

ここからは，VUCA 時代の組織の話である。VUCA 時代は「先行きが不透明で，将来の予測が困難な状態」であるので，組織として重要なことは柔軟性である。何が起きるかわからない状況では，先に説明した Airbnb のようにまったくの異業種から突然ライバルとなる企業が現れることがある。それもまったく違ったビジネスモデルで参入してくることも十分に予想される。このような時代に，従来型の組織では柔軟性に欠け対応ができない。そこで，従来型の組織とはどんな組織なのかを最初に説明する。

組織の基本的な形態は，職能型組織というものである。職能型組織とは，以下の図のように，人事，経理，研究開発，購買，製造，販売（営業）といった職能ごとに区切られた組織である。組織間の役割が明確に定義され，部門間での機能の重複はない。機能の重複がない職能型組織では，製造なら製造といった職能ごとに規模の経済性が発揮され，専門性を深められるというメリットがある。そのため，先に説明したコスト・リーダーシップ戦略を実施する場合は，職能型組織が最適である。なぜなら，規模の経済性によりコストが削減され，各職能での専門性が高まることによる効率的な業務が可能になるからである。

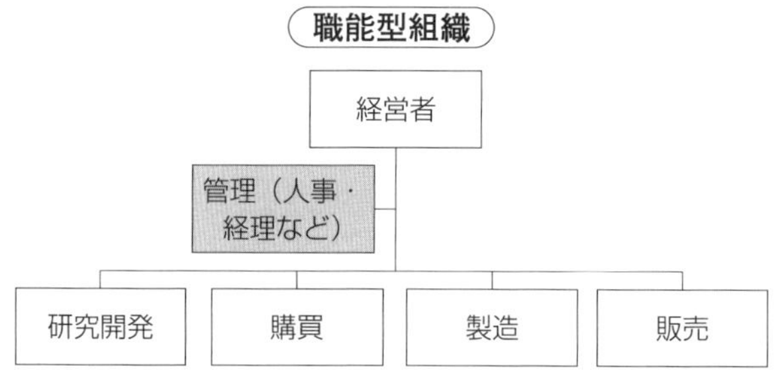

（出所）　筆者作成

ただ，この組織は，経営者に指揮命令権限が一元化されているために，組織としての柔軟性に欠ける。何か突然の環境変化が起きたとしても，各職能（現場）は効率性を重視して，同じことを繰り返す仕事の仕方になっているので，いきなり大きな変化が起きても，現場は対応できない。そのような対応ができない現場を統括しているのが社長であるので，いきなりの変化に対して，社長も大胆な意思決定はできないのである。例えば，小売業である。アマゾンや楽天の出現で，販売の場所としての店舗の必要性が低くなったとしても，いきなり販売をＥコマースに切り替えることはできない。なぜなら，店舗をＥコマースに移行すると，今までと比較して人材の必要性が低下し，人材をリストラしなければならないが，日本の場合，このような意思決定を経営者はしにくいのである。ということで，従来型の職能型組織は，VUCA時代には柔軟性という点で向いていないのである。さらには，意思決定はすべて経営者がおこなう必要があり，現場では意思決定ができない。そのため，すべて経営者の判断を仰ぐ必要があり，意思決定に時間がかかってしまう。迅速な対応が必要になるVUCA時代には大きな弱みとなってしまうのである。

そこで筆者が考えるVUCA時代の組織として最適なものは，機能横断型チームである。先に説明した職能型組織の各職能である研究開発，購買，製造，販売（営業）からそれぞれ数名の従業員を集め，特定の課題や目標の達成に当たらせ，達成したら解散する時限的な組織である。例えば，新製品開発のプロジェクトである。新商品を開発して，販売するまでの流れには，各職能（研究開発，購買，製造，販売）すべての力が必要である。ただ，既存の職能型組織では，規模が大きく縦割りの意識が浸透しており柔軟性に欠ける。そこで，各職能から数名ずつ人を集めて，さまざまな職能の従業員で構成されたチームを作るのである。小規模なチーム型組織であるので，職能が異なっても議論しやすいし，多様なバックグラウンドの人材が交わることで，新たなアイデアが生まれ，新製品開発には最適である。そして，このチームには，大幅な権限委譲をする。細かな点は，すべてチーム内で意思決定できるようにする。ある程度の金額の投資が必要な場合にだけ決裁を仰ぐようにする。その場合も，直接社長の決裁を仰ぐことができる管理体制を作っておく必要がある。社長直轄のプロジェクトチームという形である。こうすることによって，従来型の職能型組織の欠点である意思決定の遅れを克服することができる。イメージとしては，以下の図のような形である。

機能横断型チーム

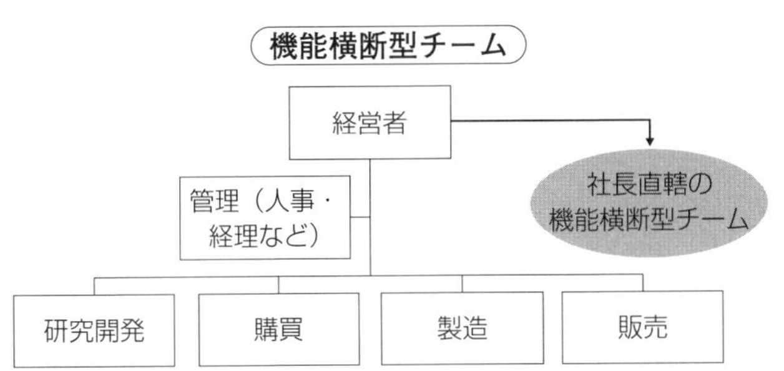

（出所）　筆者作成

VUCA時代の競争優位の部分で説明したとおり，現在の競争優位は持続的ではなく，一時的である。そして，「一時的な競争優位」を連鎖するように獲得していくことが，現代の企業に求められることである。よって，ここで説明した機能横断型チームを採用することが，上記の戦略に合致した組織のあり方となる。機能横断型チームは時限的なプロジェクトチームである。新製品開発プロジェクトの場合は，新製品が市場にローンチされたら終了になる。1つのプロジェクトが終了したら，また次のプロジェクトチームが立ち上がるような形にするのである。常に複数の機能横断型チームが動いている状況を作るのである。そうすることによって，「一時的な競争優位」を連鎖するように獲得していくことができると考える。

一方，この機能横断型チームの問題点は，チームの初期段階には，メンバーが多様性や複雑さへの対処の仕方を学ぶのに，非常に時間がかかる場合が多く，信頼やチームワークを確立するのにも時間がかかる。特に，異なる背景や経験，考えを持つ人々で構成される機能横断型チームでは，この傾向が顕著に出る。

この問題点を解決するために必要なことは，リーダーシップである。リーダーシップでも各個人の専門性や個性を伸ばすようなリーダーシップが必要になる。そのリーダーシップはシェアード・リーダーシップと呼ばれている。拙著『国内MBA受験の面接対策』（中央経済社）でも説明したが，以下では，早稲田大学ビジネススクール教授の入山章栄氏の著書『世界標準の経営理論』からシェアード・リーダーシップについて紹介する。

シェアード・リーダーシップは，我々に大胆な発想の転換を求める。従来のリーダーシップ理論は，いずれも「グループの特定の一人がリーダーシップを執る」という前提だった。一方，シェアード・リーダーシップは，「グループの複数の人間，時には全員がリーダーシップを執る」と考える。「リーダー→フォロワー」という「垂直的な関係」ではなく，それぞれのメンバーがときにリーダーのようにふるまって，他のメンバーに影響を与え合うという「水平関係」のリーダーシップである（入山，2019）。

シェアード・リーダーシップ

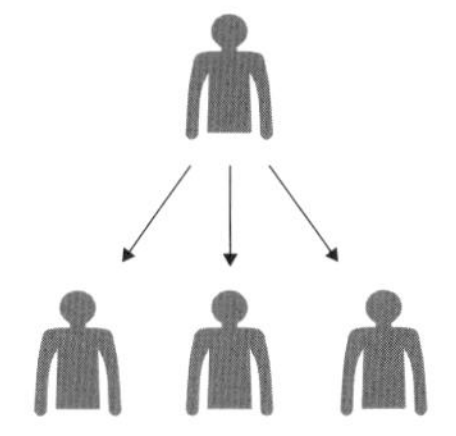

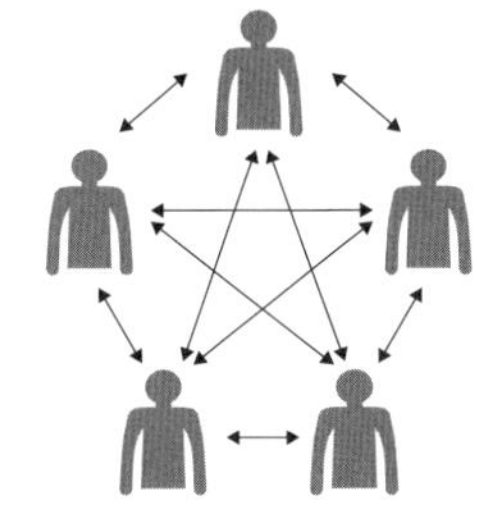

（出所） 入山章栄（2019）『世界標準の経営理論』ダイヤモンド社

このシェアード・リーダーシップが有効な理由を，入山（2019）では，以下のように説明している。グループのリーダーシップ関係が，従来のような垂直的なものであれば，リーダーはグループを「自分のもの」と思えても，フォロワーはそのようなアイデンティティは持ちにくい。一方で，もしグループにシェアード・リーダーシップがあるなら，そのメンバー全員がリーダーとして役割・当事者意識を持てる。すなわち，メンバー全員が「これは自分のグループである」というアイデンティティを持ちやすくなるのだ。このような理由からシェアード・リーダーシップの有効性は高いのである。

ここからは筆者の意見であるが，各自が専門性を持つ人材であるため，ある時は製造部門出身の方がリーダーになり，ある時は販売部門の方がリーダーになるという形で，それぞれの専門性や個性を維持したままでチーム運営ができる。そのため，自分の専門性が活かせて，自分の得意分野でリーダーシップを発揮することができるため承認欲求を満たすこともできる。よって，チームへのコミットメントが高まるのである。この点がシェアード・リーダーシップの大きな魅力である。

第３問：SDGsへの企業の取り組み

（設問１）

SDGsとは何か。またSDGsが必要とされる理由を説明しなさい。

（設問２）

SDGsへの企業の取り組みは，企業にどのようなメリットをもたらすか，説明しなさい。

（字数：1,600字程度，制限時間：90分）

解答例

（設問１）

SDGsは，「Sustainable Development Goals（持続可能な開発目標）」のことである。2015年９月の国連サミットで採択されたもので，国連加盟193か国により，2016年から2030年の15年間で達成するための目標として，17の目標が掲げられた（例えば，貧困をなくそう，気候変動に具体的な対策を，など)。その目標を一言で表現するならば，「世界にある課題を，世界で解決するための目標」ということである。

SDGsが必要な理由は，世界共通の目標なしに，各国や企業が好きなようにふるまうと，世界的な課題が十分なスピードで解消されず，逆に世界の状況がますます悪くなり，ゆくゆくは人間の生活そのものが脅かされてしまうからである。

これまでの人間活動から生じた課題は多様で，深刻な影響を引き起こしている。企業経営における重要なポイントは，今までどおり，利益重視で好きなようにふるまうと，それがかえって経営リスクとして自らに跳ね返ってくるかもしれないのである。例えば，産業革命以降のエネルギー消費量の増加により，二酸化炭素の排出量が増え，空気中の温室効果ガスの濃度が上がることによって，気候変動が引き起こされ，異常気象が頻発している。2018年の台風21号は，近畿地方を直撃し，関西国際空港が冠水するなどの大きな被害をもたらした。風水害等による損害保険金の支払額としても5,851億円と，国内過去最大となっている。温室効果ガスの発生を抑え，気候変動を解消していかなければ，企業は今までどおりの活動ができなくなり，収益性が悪化してしまうのである。

（設問２）

SDGsへの企業の取り組みのメリットの１つ目は，SDGsによって新たなビジネスの機会が生み出されることである。ここでは自動車産業に新たなビジネス機会を生み出している事例を紹介する。

SDGsの目標13の「気候変動に具体的な対策を」への対策として，二酸化炭素の削減が求められている。地球温暖化とは，地球の温度（気温，水温）が上昇することで，大気中の温室効果ガスが地表から放射される熱を吸収し，大気を温めてしまうことがその原因と考えられている。ちなみに温室効果ガスとは，二酸化炭素，メタン，一酸化二窒素，フロンのことで，このうち二酸化炭素が全体の76％を占めることが報告されている。要は，二酸化炭素を減らせば，地球温暖化が防げて，気候変動への対策となるということである。

こうした意味で，自動車の排出ガスに含まれる二酸化炭素の排出量を見てみると，二酸化炭素総排出量（2019年，国交省発表）の約15.5％を占めるという。この15.5％の二酸化炭素を減らすために，化石燃料（石油）を燃焼させて動力を得る内燃機関から，電気自動車（EV）への移行をおこなう必要があり，このEV化というのが自動車業界にとって，新たなビジネスチャンスになっているのである。

2つ目のメリットは，新たな人材の獲得がしやすくなる点である。特に20代～30代の若者はSDGsへの関心が高く，この世代を採用しようとした場合，SDGsへの取り組みを積極的におこなっている企業は有利になると考えられる。SDGsの認知度は，一般的には「ミレニアム世代」や「Z世代」と呼ばれる2021年時点で40歳以下の世代で高くなっている。この世代は，もともと環境や社会問題への知識が豊富で関心が高いといわれている。

地球温暖化についていえば，京都議定書が採択された1997年生まれが，現在ではすでに20代半ばであり，地球温暖化が少なくともマズいということを折に触れて耳にして育っている世代である。学校での学習機会としても，小学校で「総合的な学習の時間」が導入され，国際・平和・環境などのテーマで学習するようになったのは，2002年のことである。さらに，

2015年にSDGsが採択されてからは，高校の副読本に登場したり，理科や社会，国際問題への教育に熱心な学校で学際的な授業に取り入れられたりしており，これから企業が採用しようとする若手世代は，SDGsのことを学校で学んだ知識として聞いたことがあるのである。

解説

SDGsに関しては，兵庫県立大学で出題されており，法政大学大学院イノベーション・マネジメント研究科，立命館大学大学院経営管理研究科でもSDGsに似た概念であるESGが出題されている。ESGについては，ここでは説明はしないが，Environment（環境），Social（社会），Governance（ガバナンス＝企業統治）のことである。今後は，注目度からしてSDGsのほうが出題の可能性は高いと筆者は考えている。そのため，上記3校だけでなく，小論文が課されているすべての国内MBA受験生に，以下の解説を読んでいただきたい。

1　SDGsの概要

SDGsは，「Sustainable Development Goals（持続可能な開発目標）」のことである。2015年9月の国連サミットで採択されたもので，国連加盟193か国により，2016年から2030年の15年間で達成するための目標として，17の目標が掲げられた。その目標を一言で表現するならば，「世界にある課題を，世界で解決するための目標」ということになる。わかりにくいと思うので，後ほど17の目標について詳しく説明する。

このSDGsであるが，当初はほとんど注目されておらず，地味な感じで運営されていた。しかし，あることをきっかけに大きく注目されるようになった。それが，2017年に開催された「ダボス会議」という世界の政治経済のリーダーが集う会議である。そこで，「SDGsに取り組むことで12兆ドルを超える経済価値と，３億8,000万人に雇用が創出される」という推計が発表されたのである。12兆ドルということは，日本円にして1,200兆円である（１ドル =100円の場合)。SDGs へ取り組むことが経済的にプラスになるということがダボス会議で発表されたので，それならば企業も取り組まないわけにはいかないということで企業の活動に影響を及ぼしたのである。また，これから就職活動を始める学生なども，入社後には SDGs に何らかの形で関わることが多くなることが予想される。そういう意味で，現在は就活においても，SDGs は重要ワードになっており，国内 MBA 入試でも出題されるようになってきているのである。

SDGs は，社会的なイメージにも影響を及ぼすものになってきている。「SDGs に取り組んでいる」というだけで，企業のイメージが向上し，世界へのビジネス展開もしやすくなるということもいわれている。一方，取り組んでいなければ「社会的責任を果たす意欲がない」と，マイナスイメージを与えてしまう可能性がある。会社の経営，ブランディングにも大きく関わってきているのが，SDGs なのである。

2　SDGs の「持続可能な開発」とは

SDGs の17の目標を説明する前に，SDGs の「持続可能な開発」というのは具体的にどういうことなのかを説明する。

持続可能な開発の定義は，「将来の世代の欲求を満たしつつ，現在の世代の欲求も満足させるような開発」のことである。開発とは，商品・サービスを開発して発売して，社会を便利にして暮らしを豊かにし，結果として，経済的な豊かさを享受することである。30年前のスマホや SNS がない時代に比べて，現在は明らかに便利で効率的に物事を実行できるようになった。スマホや SNS などのネット技術の開発は社会を便利で効率的にした。例えば，30年前に，自宅でリモートワークをすることは考えられなかった。今ではコロナ禍ということもあるが，リモートワークが当たり前になっている。スマホや SNS までいかなくとも，電気や水道やガスといったインフラが開発されている状態のほうが当然便利で効率的である。木による摩擦熱などを利用する原始的な火起こしをすることや，川や井戸から水を汲んでくることは開発されていない状態であり，明らかに不便である。このように開発されている状態というのは，好ましい状態といえるのである。

しかし，どんな開発でもいいかといわれると，そうではない。ダメな開発もあるのである。そこでキーになる概念が，「持続可能な開発」ということになるのである。

持続可能性の定義の中に，「将来の世代の欲求を満たす」と「現在の世代の欲求も満足させる」と書いてある。今を生きる現在の世代だけでなく，将来生まれてくる子供たちの欲求も満たす必要がある開発というのが持続可能な開発ということである。

村上，渡辺（2019）は次のように述べている。現時点での大人世代と，子供以下の世代を比較してみると，大人のほうが明らかに意見を通しやすい社会になっている。例えば，選挙で投票できる年齢が日本で20歳から18歳に引き下げられたが，それでも18歳未満の世代は直接，投票で行動することはできない。そうなると，どうしても現在の世代のニーズ中心にすべてが決まっていくことになる。「持続可能な開発」の場合は，現在の世代に対し，声の小さい将来の世代が欲しかったと思うこともよく検討して，「後のことも考えてお金，知恵，技術を使いましょう」と呼びかけているといえるのである。

以上のように，現在の世代だけでなく，将来を生きる世代のことも考えて開発することを持続可能な開発というのである。

3　SDGsの17の目標とは

では，SDGsの17の目標を紹介する。以下の17項目である。

1．貧困をなくそう

2．飢餓をゼロに
3．すべての人に健康と福祉を
4．質の高い教育をみんなに
5．ジェンダー平等を実現しよう
6．安全な水とトイレを世界中に
7．エネルギーをみんなに そしてクリーンに
8．働きがいも経済成長も
9．インフラを構築し，産業と技術革新の基盤をつくろう
10．人や国の不平等をなくそう
11．住み続けられるまちづくり，住居づくりを
12．持続可能な生産消費形態の確保（つくる責任 つかう責任）
13．気候変動に具体的な対策を
14．海洋・海洋資源を保全し，海の豊かさを守ろう
15．生態系の保護，森林の経営，砂漠化への対処など，陸の豊かさも守ろう
16．平和と公正をすべての人に
17．グローバル・パートナーシップで目標を達成しよう

日本に住んでいると，「飢餓をゼロに」とか「安全な水とトイレを世界中に」と言われてもピンとこないかもしれないが，先に説明したとおり，「世界にある課題を，世界で解決するための目標」がSDGsの17の目標なのである。

上記17の目標は，大きく分けて，3つの視点で分類できる。

目標1～6は，貧困や飢餓，水の衛生など，開発途上国の基礎的な目標が中心であると考えられる。ただ，目標5のジェンダー平等については先進国でも多くの課題があるので，この目標はすべての国に共通の目標と解釈できる。

目標7～12は，働きがい，経済成長，技術革新，クリーンエネルギーな

どの言葉が並んでいる。先進国や企業にとっても取り組むべき課題となっている。また，つかう責任では一人ひとりの消費者にも持続可能な世界のために責任があることが理解できる。この点が，SDGsの特徴であり，それだけ大きな社会の流れとなっている要因でもある。

目標13～17は，気候変動，海洋資源，生物多様性などグローバルな課題である。目標16では世界平和，目標17では国や企業や人々の協力を呼びかけている。

繰り返しだが，「世界にある課題を，世界で解決するための目標」がSDGsの17の目標なのである。ご理解いただけたであろうか。

4　なぜSDGsが必要なのか

このような，なかなかボリュームのある内容のSDGsは，なぜ必要とされているのだろうか。村上，渡辺（2019）は次のように述べている。

世界共通の目標なしに，各国や企業が好きなようにふるまうと，世界的な課題が十分なスピードで解消されず，逆に世界の状況がますます悪くなり，ゆくゆくは人間の生活そのものが脅かされてしまう。安全・安心で平和な世界とはほど遠い状態になることが強く懸念されているためにSDGsが必要なのである。

これまでの人間活動から生じた課題は多様で，深刻な影響を引き起こしている。企業経営における重要なポイントは，今までどおり，利益重視で好きなようにふるまうと，それがかえって経営リスクとして自らに跳ね返ってくるかもしれないのである。

例えば，産業革命以降のエネルギー消費量の増加により，二酸化炭素の排出量が増え，空気中の温室効果ガスの濃度が上がることによって，気候変動が引き起こされ，異常気象が頻発している。2018年の台風21号は，近畿地方を直撃し，関西国際空港が冠水するなどの大きな被害をもたらした。風水害等による損害保険金の支払額としても5,851億円と，国内過去最大となった。

企業活動だけでなく，資源や領土を巡る国家間や民族間の紛争などにより発生する暴力や武力紛争の代償は，2015年の世界のGDPの9.1％に相当したといわれている。

上記２つの課題間もつながっており，例えば，シリア内戦は，近隣諸国や欧州に向けて脱出する大量の難民を生み出した。この内戦の原因として，地中海東部における記録的な干ばつによって，農村地域から都市に人口が流入し，不安定な生活を営む人が急増したことが指摘されている。干ばつの原因は，気候変動と考えられており，気候変動と難民がつながっているのである（村上，渡辺，2019）。

以上のように17の目標ごとに密接に関連しているために，SDGsでは，「大胆な変革」が必要であると訴えられているのである。

5　SDGsと企業経営の関係性

国内MBAの小論文では，純粋なSDGsの概念を質問されるのではなく，当然のことであるが，SDGsと企業経営の関係性について問われている。そこで，ここでは，SDGsと企業経営の関係性について説明する。

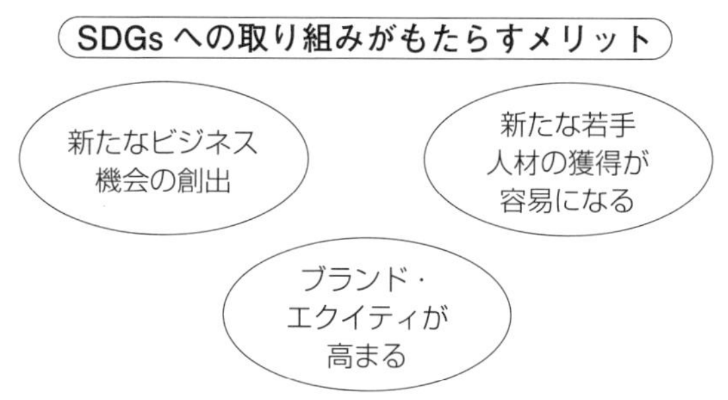

（出所）　筆者作成

5－1　新たなビジネスの機会が生み出される

SDGsと企業経営の関係性の１つ目は，SDGsによって新たなビジネスの機会が生み出されることである。自動車産業で新たなビジネス機会を生み出している事例を紹介する。

SDGsの目標13の「気候変動に具体的な対策を」への対策として，二酸化炭素の削減が求められている。地球温暖化とは，地球の温度（気温，水温）が上昇することで，大気中の温室効果ガスが地表から放射される熱を吸収し，大気を温めてしまうことがその原因と考えられている。ちなみに温室効果ガスとは，二酸化炭素，メタン，一酸化二窒素，フロンのことで，このうち二酸化炭素が全体の76%を占めることが報告されている。要は，二酸化炭素を減らせば，地球温暖化が防げて，気候変動への対策となるということである。

こうした意味で，自動車の排出ガスに含まれる二酸化炭素の排出量を見てみると，二酸化炭素総排出量（2019年，国交省発表）の約15.5%を占めるという。この15.5%の二酸化炭素を減らすために，化石燃料（石油）を燃焼させて動力を得る内燃機関から，電気自動車（EV）への移行をおこなう必要があり，このEV化というのが新たなビジネスチャンスになっているのである。

化石燃料（石油）を燃焼させて動力を得る内燃機関では，二酸化炭素の排出は避けられず，二酸化炭素の排出そのものをゼロにしようとするなら，化石燃料を使う内燃機関からパワープラントの転換を図らなければならない。こうした流れの中で必然の帰結のように浮上した新パワープラントが，電気モーター，すなわち自動車のEV化だった。電気モーターなら排出ガスそのものが発生しない文字どおりの無公害車である。こうした環境問題に基づく近代EVの実用化は，1996年のGMのEV1がその発端であり，本格化するきっかけを作ったのは2011年登場のテスラ・ロードスターだった。

その後，ヨーロッパの各自動車メーカーが，2030年前後に内燃機関のみの車両開発，販売を打ち切ることを相次いで発表した。また，イギリスのように2030年以降は内燃機関のみの新車販売を禁止する政策を打ち出す国も現れてきたのである。

日本も2021年１月の通常国会で菅首相（当時）が，2035年までに新車販売で電動車100％を実現すると表明した。自動車業界には，電動車という新たなビジネスの機会が生まれたのである。

この自動車業界の例のように，SDGsによって新たなビジネスの機会が生み出される事例は他にも多く存在する。

5－2　新たな人材の獲得がしやすくなる

２つ目は，新たな人材の獲得がしやすくなる点である。特に20代～30代の若者はSDGsへの関心が高く，この世代を採用しようとした場合，SDGsへの取り組みを積極的におこなっている企業は有利になると考えられる。以下，村上，渡辺（2019）を引用して説明する。

SDGsの認知度は，一般的には「ミレニアム世代」や「Z世代」と呼ばれる2021年時点で40歳以下の世代で高くなっている。この世代は，もともと環境や社会問題への知識が豊富で関心が高いといわれている。なお，ミレニアム世代とは，1980年～1995年生まれまでを指し，「デジタルネイティブ」世代ともいわれている。Z世代とは，1996年～2015年までに生まれてきた世代を指し，「ソーシャルネイティブ」といった呼ばれ方もする。

地球温暖化についていえば，京都議定書が採択された1997年生まれが，現在ではすでに20代半ばなわけで，地球温暖化が少なくともマズいということを折に触れて耳にして育っている世代である。

学校での学習機会としても，小学校で「総合的な学習の時間」が導入され，国際・平和・環境などのテーマで学習するようになったのは，2002年のことである。さらに，2015年にSDGsが採択されてからは，高校の副読本に登場したり，理科や社会，国際問題への教育に熱心な学校で学際的な授業に取り入れられたりしており，これから企業が採用しようとする若手世代は，SDGsのことを学校で学んだ知識として聞いたことがある可能性が高まるのである。

このような若者のSDGsへの意識の高さを表す事例として，2018年8月に，スウェーデンで15歳の少女が，同国の国会の前で3週間も座り込みをしたことに注目が集まった。彼女は，「大人が効果的な地球温暖化対策を取らない」ことに抗議して，学校をボイコットすることを始めたのである。

若い世代から見ると，現在の経営者や大人たちは，SDGsに示されているような持続可能性に関する課題に関して，目先の利益だけで行動しているのではないかという懐疑的な目を持っているのである。現在，日本でも企業の不祥事が多発している。オリンパス，東芝の不正会計問題，スルガ銀行の不正融資問題など，自社の短期的な利益を重視するがゆえに，顧客やその他のステークホルダーの利益を無視した事例が多く発生しているのである。このようなことが発生している社内では，仮に真実を知ったとしても，それを表には公表できずに，隠蔽に走ってしまうのである。仮に真実を公表すると，社内的な立場がなくなるために，真実は誰も公表しないのである。真実を隠しているうちに，外部の顧客や株主や金融機関などのステークホルダーによって，真実が暴かれるという事態に陥っている会社が多いのである。

このように表面的にキレイに見せることができなくなっている時代である。SDGs達成への貢献という表現を通じて若い世代が見ているのは，キレイに作成された報告書ではなく，「自分たちの未来への共感があるかどうか」の姿勢なのであって，その姿勢を示せる企業だけが，企業経営において，人材獲得と人材定着という好影響を享受できるのである（村上，渡辺，2019）。

5－3　ブランド構築ができる

ここからは，ちょっとアカデミックな内容になる。SDGsへの企業の取り組みは，その企業のブランド価値を向上させる機能を有するが，SDGsがブランドに関してどのような影響を与えて，ブランド力向上に寄与するのか，そのメカニズムを明らかにしたいと思う。

なお，ここではブランド研究の領域で用いられている「ブランド・エクイティ（Brand Equity）」という概念を用いた説明をおこなう。ブランド・エクイティとは，「ブランドが持つ資産価値」のことである。ブランドという形のないものを資産として評価し，その価値を高めるために育成や投資をしていくというのがブランド・エクイティの考え方の基本にある。エクイティとは，一般的に金融・ファイナンスの領域で使われている言葉であり，「株主資産」「自己資産」を表している。人気の高いブランドというのは，たくさんのファンが付いている。これらのファンはそのブランドの商品を繰り返し購入をしたり，口コミによって新規顧客を呼び込み，そのブランドの収益性を高め，企業の成長を支えている。しかしどんなに人気があっても，顧客の期待に反する商品を販売したり，脱税などの社会的に反感を買うような事件を起こすと，ブランド・エクイティが一気にマイナスに転じてしまう。例えば，エネルギー企業の石油タンカーが転覆して海洋汚染を引き起こしたり，自動車メーカーが性能検査の結果を改ざんしたりといった事件があれば，ブランド・エクイティは下落する。このような信頼や知名度といったものも含む，無形だが企業の価値に影響を与えるブランドを，有価証券や不動産と同じような「企業が持つ資産」として評価しようとする姿勢から，ブランド・エクイティの考え方は生まれたのである。資産とは将来の利益を見込んで保有するものなので，ブランドは単に維持すればいいというものではない。資産価値を向上させるために，育成や投資といった積極的なマネジメントをしていかなくてはならないのである。

このブランド・エクイティを向上させるための５つの基礎となる要因がD.A. アーカー（1994）によって示された。①ブランドロイヤルティ（Brand Loyalty），②ブランド認知（Brand Awareness），③ブランド連想（Brand Associations），④知覚品質（Perceived Quality），⑤その他のブランド資産（Brand Assets）の５つである。この中で，SDGs に企業として取り組むことで，価値が大きく向上すると考えられる「ブランド認知」,「ブランド連想」の2つについてSDGsとの関連性を説明する。

5－3－1　ブランド認知の向上

SDGsへの企業の取り組みは,その企業の名前を全国に知らしめる効果がある。なぜなら,SDGsへの取り組みは,マスコミが積極的に取り上げてくれるからである。マスコミへの登場は,マーケティング上はパブリシティと呼ばれている。パブリシティへの登場は,通常の広告と違い無料であり,多くの人々は,広告よりもパブリシティに信頼を抱きやすい。実際,皆さんも,新聞の記事やビジネス雑誌やテレビのニュースで取り上げられている企業には関心を示すのではないだろうか。

このように,SDGsへの取り組みは,パブリシティを通して,その企業名を知っている人を増やす効果がある。すなわち,その企業の認知度を増加させるのである。

ここでマーケティング用語として,「ブランド認知」というものを紹介する。ブランド認知とは,あるブランドがある製品カテゴリーに明確に属していることを,潜在的購買者が認識あるいは想起することができるということである(D.A.アーカー,1994)。カジュアル衣料のユニクロというブランドを用いて,わかりやすく説明する。ざっくりいうと,ユニクロというブランドがカジュアル衣料というカテゴリーに属している衣料ブランドであるということを,カジュアル衣料を買う人たちが知っているか,ということである。知っているならば,ユニクロを買う人は多くなるだろうということである。

このブランド認知は,ブランドが知られているという曖昧な感覚から,その製品クラスでは,このブランドしかないという信念に至るまでさまざまである。以下の図が示すように,ブランド認知には3つの段階がある。

ブランド認知のピラミッド

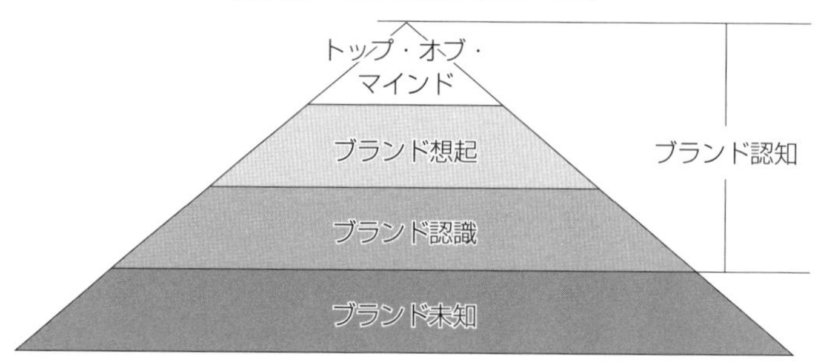

（出所） D. A. アーカー（1994）『ブランド・エクイティ戦略』ダイヤモンド社

最も低いレベルは，ブランド認識である。ブランド認識は，そのブランドを購買者が認識しているかどうかということである。最近では，YouTube など動画サイトで，動画と動画の間に広告のような形で，調査がおこなわれている。皆さんも経験したことがあるのではないだろうか。YouTube で動画を見ていると，動画の最初に，6 つくらいの企業名（ブランド名）が表示されていて，「この中であなたが知っている企業（ブランド）はどれですか」といった調査がおこなわれているケースがある。この調査が，ブランド認識の調査である。要するに，ある製品クラスの一連のブランド・ネームを提示し，そのうち以前に聞いた経験があるものをあげてもらうというものである。YouTube 以外でも，最近はインターネットが普及したおかげで，さまざまなサイト上で，このブランド認識の調査がおこなわれている。ブランド認識は，ブランド認知の最低限のレベルである。この最低限のレベルに達するためにも，SDGs への取り組みをおこないパブリシティに登場する必要があるといえる。

次のレベルは，ブランド想起である。ブランド想起のレベルにあるかどうかをチェックする方法は，ある製品カテゴリーで，自分が知っているブランドをあげさせることである。被調査者は，事前にある製品カテゴリー内のすべてのブランドを教えられることはなく，その製品カテゴリーだけ提示されて，その製品カテゴリーに属するブランドを言うように求められるのである。例えば，「カジュアル衣料といえば，あなたはどこのブランドを知っていますか」という形の質問である。このブランド想起は，ブランド認識よりもかなり困難な作業であり，ブランドがそのカテゴリーにおいて，強固な地位を築いていることが必要である。カジュアル衣料＝ユニクロ，オシャレなカフェ＝スタバというのがブランド想起が実現できている事例である。SDGsの取り組みだけで，ブランド想起のレベルに達するのは難しいかもしれないが，SDGsへの取り組みが，ブランド想起実現のきっかけになる可能性はあるので，SDGsへの取り組みはしっかりおこなう必要がある。

ブランド想起の際に，最初にあげたブランドが，心の中でトップの認知（これをトップ・オブ・マインドと呼ぶ）という特別の地位を獲得しているのである。真の意味で，一人の人の心の中で，他のブランドよりも優れている状態である。この状態にあるブランドは，その潜在購買者は，必ず購入する状態である。

以上のように，ブランド認知を上げると，そのブランド（その企業の製品）を購入してくれる可能性は飛躍的に高まるので，SDGsへの取り組みが，ブランド認知のきっかけ作りとしては最高の機会になるのである。

5－3－2　SDGsによるポジティブなブランド連想の構築

ブランド連想とは，消費者が持っているそのブランドに対する記憶とその記憶に関連するすべてのことである。わかりにくいかと思うので，マクドナルドの事例で説明する。マクドナルドは，ロナルド・マクドナルドのようなキャラクター，子供といった顧客セグメント，楽しみといった感情，サービスなどの製品特性，自動車などのモノ，またマクドナルドに隣接した映画館へ行くといった行動，このようなその消費者が持っているマクドナルドに対する記憶と関連するすべてのことによって形成されている（D.A. アーカー，1994）。

SDGsに取り組む企業は，消費者接点において，消費者の記憶に，SDGsに取り組むことによる「正直で信頼できる」「親しみやすく消費者に対する思いやりがある」「世界のためにいいことをしている」というようなポジティブなブランド連想を構築できる。SDGsへの取り組みによって構築される連想は，ブランド連想のごく一部かもしれないが，ポジティブなブランド連想を作り出すことができるということは事実としてあげられる。

では，ブランド連想は，企業や顧客にどのような価値をもたらすのであろうか。

1つ目は，差別化の重要な基盤を提供することである。ワイン，香水，ファッションのようないくつかの製品カテゴリーにおける多数のブランドは，顧客にとって識別が難しく，ブランド・ネームに対する連想が，一つのブランドを他のブランドから区別するのに重要な役割を担っている。例えば，エルメスのバッグやシャネルのツイードジャケットの個性は，独特のものであり，差別化の基盤を形作っている。SDGsへの取り組みは，その取り組み自体がブランド連想を形成し，それが差別化の源泉になるといえるのである。

2つ目は，消費者の肯定的態度や感情の創造である。SDGsに取り組む姿勢をもとにしたブランド連想は，消費者に好まれ，ブランドに転嫁され，そのブランドに対する肯定的な感情を刺激する。この肯定的な感情は購入意思決定を促し，そのブランドを購入する理由として機能する効果がある。

例えば，スターバックスが取り組んでいる海洋プラスチックごみの事例がある。レジ袋，ペットボトル，食品用のプラスチック容器やトレーなどのプラスチックごみが，不法投棄や廃棄物の管理不十分などの理由で，川から海に流れ込んだり直接海に捨てられることによって生じる問題を総称して海洋プラスチックごみ問題と呼んでいる。スターバックスは世界中の全店舗でプラスチック製のストローの使用を取りやめることを発表した。この発表には，多くのマスコミ報道がなされ，スターバックスのブランド連想にSDGsへの取り組みという視点が加えられることになり，スターバックスへの肯定的態度や感情が創造されたといえる。これによって，さらにスターバックスを利用する消費者が増加することが予想される。

なお，ここで紹介したブランド認知，ブランド連想などに関することは，研究計画書の研究テーマにしたいという方も多くいるのではないかと思う。ブランド認知やブランド連想は，先に説明したとおり，ブランド・エクイティという概念の一つの要因である。そのため，先行研究などを読む場合は，まずはブランド・エクイティという研究領域で文献調査をするといいと思う。代表的な文献は，以下の3つの書籍である。ブランド研究の代表的な2名であるD.A.アーカーとK.L.ケラーの著書である。この領域で研究テーマを設定したいと考える方は，お読みいただきたい。

- D.A.アーカー（1994）『ブランド・エクイティ戦略』ダイヤモンド社
- D.A.アーカー（1997）『ブランド優位の戦略』ダイヤモンド社
- K.L.ケラー（2000）『戦略的ブランド・マネジメント』東急エージェンシー

6　SDGsへの企業の取り組みの事例

ここでは，SDGsへの企業の取り組みの事例を紹介する。SDGs目標12の「持続可能な生産消費形態の確保（つくる責任 つかう責任）」への取り組み事例としてエシカル消費を，目標13の「気候変動に具体的な対策を」への取り組みとしてアマゾンの事例を紹介する。

6－1　エシカル消費

SDGs目標12の「持続可能な生産消費形態の確保（つくる責任 つかう責任）」でいうところの「持続可能な消費形態」には，最近話題のエシカル消費という概念が含まれている。以下，持続可能な消費形態の事例として，エシカル消費について説明する。

最近，メディアで「エシカル」「エシカル消費」という言葉を目にすることが多くなっている。「エシカル」は英語で「Ethical」で，「倫理的な」

「道徳上の」といった意味を持つ言葉である。現在では，人や地域，社会，地球環境などに配慮していることを示すようになっている。「エシカル消費」もそのひとつで，消費者庁によると，「消費者それぞれが各自にとっての社会的課題の解決を考慮したり，そうした課題に取り組む事業者を応援したりしながら消費活動をおこなうこと」を指すとされている。では，具体的に「エシカル消費」とはどのような消費をすることであろうか。以下，４つの事例をあげて説明する。

① 地元産の商品を選ぶ

スーパーマーケットの地産地消コーナーから野菜などを買うことがエシカル消費に該当する。地産地消とは，ある地域で生産された農林水産物をその地域内で消費することで，流通にかかるコストや環境への負荷を軽くするなどの効果があるといわれている。

② 認証ラベルのある商品を選ぶ

乱獲や自然環境の破壊などにより，将来，自分の好きな魚介類が食べられなくなる可能性がある。海洋の自然環境や水産資源を守って獲られた水産物に与えられるMSC認証ラベルの付いた商品を選ぶことは，そのような未来を防ぐことにつながる。なお，MSC認証とは，水産資源や海洋環境に配慮し適切に管理された，持続可能な漁業に対する認証制度のことである。MSC「海のエコラベル」は，MSC認証を取得した漁業によって獲られた水産物の証である。消費者がこのラベルの付いた水産物を選ぶことによって，厳しい取り組みをしている漁業者を支えることにつながるのである。こうして水産資源や海洋環境を守る漁業者が漁を続けることができれば，私たち消費者も，いつまでも水産物を食べることができるのである。

③ 福祉施設で作られた商品を選ぶ

障がいのある方が作った小物やお菓子などを販売している施設やオンラインショップがある。それらの商品を買うことで，例えば働きたいけれど働けない方などの自立や社会参加をサポートすることができるのである。

④ エシカルファッション

児童労働や低賃金などの不当な労働力搾取や人権侵害にあたるような劣悪な労働環境で作られたファッションではなく，環境にも労働者にも無理を強いることなく生産されたファッションをエシカルファッションと呼ぶ。このようなエシカルファッションを着ることは，SDGsへの取り組みをおこなっている証である。

6－2　アマゾンの再生可能エネルギーへの取り組み

アマゾンは現在，全世界で合計206件の再生可能エネルギー・プロジェクトを進めており，その内訳は71の実用規模の風力および太陽光プロジェクト，135基の世界各地の施設や店舗の屋上に設置される太陽光発電システムとなっている。全世界での電力生産能力はこれまでに8.5ギガワット（GW）に達しており，アマゾンは当初の目標であった2030年よりも5年早い，2025年までに当社事業に必要な電力を100％再生可能エネルギーで賄うべく歩みを進めている。

最新の実用規模の再生可能エネルギー・プロジェクトの実施国は，米国，カナダ，スペイン，スウェーデン，英国である。これらをはじめとするアマゾンのプロジェクトは，アマゾンのオフィス，物流拠点であるフルフィルメントセンター，ホールフーズ・マーケットの店舗，およびアマゾンウェブ サービス（AWS）データセンターに再生可能エネルギーを供給し，アマゾンと世界中の何百万人もの AWS の顧客に電力を供給している。

AWS は世界最大のクラウド・コンピューティングで，アマゾンだけでなく米国ではエアビーアンドビーやニューズウィークなど，日々のやり取りが膨大な大手ウェブサイトの多くが AWS を利用して運営されている。AWS を利用する側の企業は，自社サーバーの不稼動リソースを減らすことができ，結果としてコストや二酸化炭素排出量の削減につなげることができるが，アマゾン自身が再生可能エネルギーを活用し，AWS 運営から発生する二酸化炭素量を削減することで，本当の意味での二酸化炭素を削減する効果が期待できるのである（村上，渡辺，2019）。

第4問：サブスクリプション

（設問1）

サブスクリプションとはどのようなサービスか説明しなさい。

（設問2）

サブスクリプションの日本における成功事例をあげて具体的に説明しなさい。

（設問3）

設問2であげたサブスクリプションの事例が，どうして成功したのか，その理由を説明しなさい。

（字数：1,300字程度，制限時間：90分）

解答例

（設問１）

サブスクリプション（subscription）（以下，サブスク）とは，所定の料金を支払うことで商品やサービスを一定期間，自由に利用する権利を得られる仕組みのことである。サブスクの仕組みで利用されている商品の代表が新聞である。毎月，一定額を支払うと新聞が毎日自宅に届くという形で，まさにサブスクとなっている。つまり，サービス形態自体は最近始まったものではなく，昔からあったものであるが，商品やサービスを所有するから，必要な時だけ利用する，といったライフスタイルの変化があり，新聞などに限定されずに，音楽，自動車，ファッションなどさまざまな商品にサブスクが浸透してきているのである。

（設問２）

日本において成功しているサブスクの事例は，高級ブランドのバッグを，定額・使いたい放題で提供しているラクサスである。毎日，テレビの宣伝で目にする。ブランドは，エルメス，シャネル，ルイ・ヴィトン，ディオール，ボッテガ・ヴェネタ，ロエベ，セリーヌ，グッチなど憧れの57ブランドのバッグから自分が使いたいバッグを選ぶことができる。料金は月額7,480円（税込）の定額制である。月に１回の利用の場合は送料等の料金も別途発生することなく，7,480円で利用可能であるが，月に２回以上バッグをレンタルする場合は，「荷造り手数料」として，１回につき1,100円（税込）がかかる。定額とはいっても，２個以上利用する場合は，追加で1,100円が発生する。とはいっても，１個30万円～50万円を超えるようなバッグを月額7,480円で利用できるのは，ブランド好きにはたまらない価格設定である。

（設問３）

ラクサスが成功した理由は，顧客ニーズや課題をとらえ，デジタルテクノロジーにより顧客接点を構築し，顧客と直接かつ定額課金により継続的につながり，データをもとにサービス改善し続けることができているからである。

ラクサスのサービスはテクノロジーを積極的に活用し，さまざまな手段でデータを取得している。スマートフォンの専用アプリの利用データから，会員がどのブランドに関心を持っているかを把握する。また，RFIDタグを活用してバッグが紛失・破損しにくい個体管理の仕組みを構築し，利用・保管期間・稼働率・補修履歴・どの会員が利用したか，などの詳細データを取得する。バッグ返却時は，タグを読み取り，状態を確認し，どう補修してどの棚に保管したかもあわせて記録する。これらのデータは，サービスの継続的改善や収益力強化のために活用されている。サービス開始前は，月額３万円弱の価格設定を予定していたのだが，「扱いが雑」などの質の悪い顧客を退会させ，データをもとに優良顧客を囲い込むことで，余計なコストを抑えて現在では月額は7,480円（税込）となっている。

また，RFIDタグのデータからは効率的な商品管理と会員の使用傾向の把握が可能になっている。そして，データとAIが顧客へのレコメンドに活かされている。アプリに画像を表示して好き嫌いを尋ね，過去の利用データと掛け合わせてAIが学習した結果からバッグをレコメンドするのである。

以上，デジタルテクノロジーにより顧客接点を構築し，顧客と直接かつ定額課金により継続的につながり，データをもとにサービス改善し続けることができていることがラクサスが成功している理由だと考える。

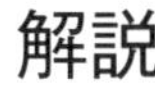

解説

この問題は，近年話題のサブスクリプションに関するものである。サブスクは，法政大学大学院イノベーション・マネジメント研究科，立命館大学大学院経営管理研究科で出題されており，今後も各校で出題が予想されるテーマである。以下の解説を読んで，しっかり頭に入れておいていただきたい。

1　サブスクリプションとは

サブスクリプション（subscription）（以下，サブスク）とは，所定の料金を支払うことで商品やサービスを一定期間，自由に利用する権利を得られる仕組みのことである。サブスクの仕組みで利用されている商品の代表が新聞である。毎月，一定額を支払うと新聞が毎日自宅に届くという形で，まさにサブスクとなっている。つまり，サービス形態自体は最近始まったものではなく，昔からあったものであるが，商品やサービスを所有するから，必要な時だけ利用する，といったライフスタイルの変化があり，新聞などに限定されずに，音楽，自動車，ファッションなどさまざまな商品にサブスクが浸透してきているのである。

最近，特に流行っているサブスクの事例は，高級ブランドのバッグを，定額・使いたい放題で提供しているラクサスである。毎日，テレビの宣伝で目にする。ブランドは，エルメス，シャネル，ルイ・ヴィトン，ディオール，ボッテガ・ヴェネタ，ロエベ，セリーヌ，グッチなど憧れの57ブランドのバッグから自分が使いたいバッグを選ぶことができる。料金は月額7,480円（税込）の定額制である。月に1回の利用の場合は送料等の料金も別途発生することなく，7,480円で利用可能であるが，月に2回以上バッグをレンタルする場合は，「荷造り手数料」として，1回につき1,100円（税込）がかかる。定額とはいっても，2個以上利用する場合は，追加で1,100円が発生する。とはいっても，1個30万円～50万円を超えるようなバッグを月額7,480円で利用できるのは，ブランド好きにはたまらない価格設定である。

なお，サブスクとレンタルとの違いは，レンタルは，「特定の商品・サービス」に対して代金を支払うが，サブスクは，「一定期間貸し出すこと」に代金を支払うのである。例えば，車の場合，レンタカーは特定の車種を一定期間貸し出すので通常はその車を利用して終わりだが，サブスクでは，通常は，その期間中に新しい車に乗り換えたりすることも可能となっている。借りること自体は変わりないが，サブスクでは，より生活に根付く形で利用でき，サービスの質も高い傾向にある。よりわかりやすい例で説明すると，レンタルでDVDを借りた場合は，１枚につき200円，２枚借りると400円という形で，量によって金額が変わってくる。しかし，サブスクは期間内であれば，量に関係なく料金が定額になっているのである。

2　サブスク流行の背景は

2－1　消費者の意識の変化

サブスク流行の背景の１つ目は，消費者の意識の変化である。本章の第２問のVUCA時代前の競争戦略部分で説明したとおり，バブル期までは，市場が成長し，競合企業との競争も限定的だったため，自社の製品は売れた。作れば売れる時代であった。市場が成長していたので，どの企業も規模の拡大を目指して，コスト・リーダーシップ戦略を採用してきた。この時代の特徴は，モノを所有して，自宅にコレクションとして保管することに意義を見出していたことである。いい例が本である。筆者も含めて，バブル世代の人は，本を買って読んだら，本棚に入れて，コレクションとして保管する。そして，本棚に並べられたたくさんの本をある意味，インテリアとして活用するのである。本を所有する行動が当たり前なのである。それに対して，モノに価値を見出さない若者が増えてきた。本は情報を得る媒体と考えて，情報を得たら役目は終わりで，売却してしまうのである。そこには所有という考えやコレクションという発想はない。このように，モノに価値を置き，そのモノを所有するという消費者行動から，必要な時に必要な分だけ消費したいという合理的なリスクを回避する消費者行動に変化したのである。

例えば，「高級外車であるフェラーリがほしい」という欲求から，「友人と出かけるときに，移動手段である車を使いたい」というような形に消費者の考えや行動が変わってしまったのである。これは世代の差かもしれないが，筆者が持っている所有願望は，筆者が指導している20代の受講生にはほとんどないのである。筆者が，20代の受講生に，ブランド物ほしくない？　と聞いても，ほとんどの方が，「要らない。たまに着ればいい」と答える状況である。所有ということにまったくこだわらない若者世代が大幅に増えているのである。そのために，所有ではなく利用するスタイルのサブスクが流行っているのである。

2－2　テクノロジーの進歩

サブスク流行の背景の２つ目は，テクノロジーの進歩である。一昔前までは，ガラケーが一般的であったため，携帯電話で画像のきれいなゲームをしたり，SNSで人とつながったりすることはできなかった。それがスマートフォンやタブレットというパソコンと同機能のものを持ち運べるようになり，これが爆発的な勢いで普及したことによって，誰もがいつでもどこにいてもインターネット環境にあるさまざまな情報にアクセスできるようになった。

またクラウドサービスの一般化，普及もサブスクを大きく発展させた。クラウドとは，自社のシステムを自社で開発するのではなく，システムを借りて利用するサービスである。自社でシステムを開発する必要がなく，借りてきて利用できるので，コストも安く，時間もかからずに，サブスクのサービスを普通の事業者が開始できるのである。このクラウドの普及によるサブスク開始の容易さが，その普及に大きく貢献している。なお，クラウド・コンピューティングに関しては，筆者が2011年に出版した『国内MBA 受験　小論文対策講義』（中央経済社）で詳しく説明しているので，そちらをご覧いただきたい。

クラウドを利用して，サブスクを比較的簡単に開始できるサービスを提供しているのが富士通である。以下，2020年 6 月11日の日本経済新聞電子版からの引用である。

富士通は，企業などに提供する IT サービスのサブスクリプションを始める。同社のクラウドやセキュリティーなど，各種の業務サービスをパッケージ化して提案する。顧客への納期を約 4 割短縮できるほか，運用コストも抑えられる。複雑化した顧客のネットワーク環境を丸ごと支援し，関連事業で現在に比べ 2 倍の 1 兆円の売上高を見込む。

新たに提供する「FUJITSU Hybrid IT Service」はクラウドやシステム構築，運用サービスを一体化し，セットメニューとして提案する。従来は顧客とのやり取りの中でシステムの仕様などを決めていたが，メニュー化することで，早期納入のほか，少ない人員での対応などが可能になる。運用管理やインフラ提供など，顧客が必要なメニューを選択し，月額や利用量に応じて課金する仕組みとなっている。

以上，日経電子版からの引用であるが，このような形でサブスクを開始しやすい環境が出来てきているのである。これがサブスク流行の背景である。

3　日本におけるサブスクの現状

3－1　日本におけるサブスクの現状

近年，サブスクリプションのビジネスモデルはさまざまな業界で採用されるようになってきている。本書を執筆しているのがコロナ禍ということも関係しているかもしれないが，メディアでも頻繁に取り上げられている。

矢野経済研究所の「サブスクリプションサービス市場に関する調査を実施(2021年)」によると，2020年度のサブスクリプションサービス国内市場規模はエンドユーザー（消費者）支払額ベースで，前年度比28.3％増の8,759億6,000万円であった。2021年度は同13.8％増の9,965億円を予測する，という形で大きく成長しているといえる。

サブスクリプションサービス国内市場規模（７市場計）推移・予測

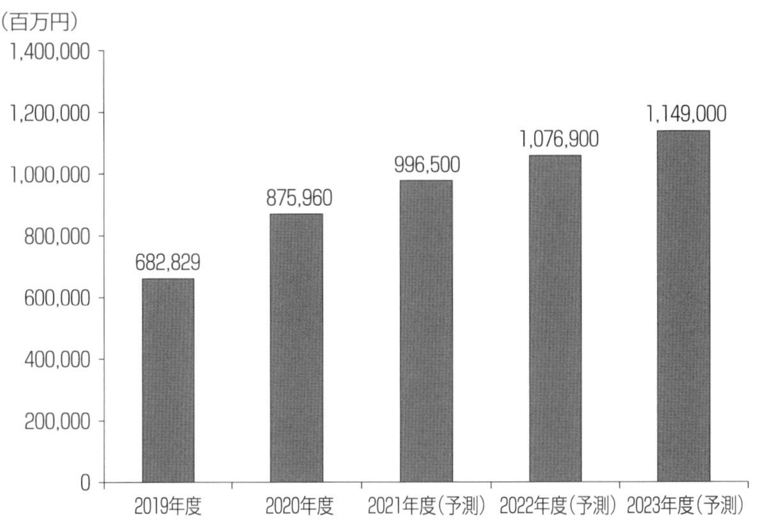

（出所）　株式会社矢野経済研究所ホームページ

※７市場とは，①衣料品・ファッション，②外食サービス，③生活関連サービス（家具・家電・日用雑貨・家事関連），④多拠点生活サービス（シェアハウスやマンスリー系賃貸住宅は対象外），⑤語学教育サービス（通信教育は対象外），⑥デジタルコンテンツ（月額定額利用の音楽と映像サービス），⑦定期宅配サービス（食品・化粧品類）のことである。

矢野経済研究所によると，2020年度は，新規ユーザーがサービス登録だけでなく，実際にサービスに加入し，サービスを体験したという点が特徴となっている。コロナ禍でさまざまな行動が制限されたことで，これをきっかけに利便性の高いサブスクリプションサービスの試用が進んだと考えられる。各社では無料サービス等の積極的なキャンペーン展開により，新たなサービスユーザーを大幅に獲得している。このため，有料ユーザー数の増加に必ずしも直結したわけではないが，これまで難しかった「認知から利用」への移行に成功している。2020年度はコロナの影響で，サブスクリプションサービス利用のきっかけづくりになった年になったといえる。

しかしながら，日本企業でサブスクのビジネスモデルで大成功して市場において大きな存在感を見せているケースは現在ではあまり見かけない。先に紹介した高級ブランドのバッグを，定額・使いたい放題で提供しているラクサスが筆者としては最初に思いつく成功事例である。日本企業特有の発想である「他社がやっているからうちも」という横並びの発想で，単発的にサブスクに乗り出す企業も多い。子供向けサブスク，本のサブスク，ドラマ・映画・アニメのサブスク，音楽配信のサブスク，ファッションのサブスクなどさまざまな業界で新規サービスとしてサブスクを開始する事例が多いが，現状ではビジネスモデルとしての試行錯誤が続いており，矢野経済研究所が示した将来的な市場の拡大の可能性はあるものの，まだまだ未成熟な状態にあるといえるのではないかと考えている。

筆者が注目しているサブスクとして，子供向けサブスクリプションの1つであるトイサブ！がある。トイサブ！は，日本サブスクリプションビジネス大賞2019年でグランプリを獲得しており，2020年以降も注目される可能性が高いサブスクである。子供向けに注目する理由は，子供が成長していくにつれ，子供の成長（サイズ）にあわせて，ものを買い替えたりしなければならないので，収納する場所に悩む方も多くいる。そんな悩みを解消するべく育児系のサブスクが増えているのである。子供向けの商品は，所有よりも利用が最も適した商品だと思われる。トイサブ！のサービス内容を見ると，隔月で15,000円相当のおもちゃが送られてくるコースが月額3,674円（税込）となっている。この金額には，往復送料込みで，遊び方解説シート付きとなっており，1日約111円で遊べるということで人気を博している。今後は，さらに大きな成長が見込めるサブスクのケースである。

3－2　日本におけるサブスクの失敗事例

上記のとおり，まだまだこれから成長が期待され，現状では試行錯誤が続いているサブスクであり，先ほど成功事例としてあげたラクサスのような成功はあるが，サブスクに進出したが撤退したという事例も続出している状況である。以下，２つ紹介する。

１つ目は，「紳士服のアオキ」で有名なAOKIホールディングスが提供していた，スーツレンタルサービス「suitsbox」である。「suitsbox」は，スーツ離れが進む20～30代の若者世代をターゲットに，2018年にリリースされたサービスである。月額7,800円のエコノミープランでは，スーツ・シャツ・ネクタイ各１セットが毎月送られてきて，新しいボックスが届いたら前に届いたアイテムは返却する。

ところがリリースからわずか半年後の2018年12月，「中期的な黒字化が見込めない」としてサービスを終了した。その要因は，顧客ターゲットの想定外の消費者行動にあった。

当初のターゲットは，スーツ離れが進む若年層の利用を想定していたが，実際には店舗で購入している40代などの中核顧客が多く，サブスクのサービスと店舗での販売でカニバリ（共食い）が起きてしまったのである。既存のリアル店舗が存在するがゆえに，サブスクに既存のリアル店舗の顧客を奪われてしまう形になってしまったのである。また，システム構築費やサービス運用コストがかさみ黒字化が見込めないこともあり，結局，全社的な収益性が落ちるために，サブスクから撤退したのであった。

２つ目は，ファッション通販サイト「ZOZOTOWN」が2018年に始めた，「おまかせ定期便」である。おまかせ定期便は，「サイズ」や「服の好み」などアンケートに答えると，ZOZOTOWNの取り扱う50万点以上のアイテムの中から好みに合う服が送られてくるサービスである。１～３か月ごとに，服や靴など５～10点が届く。サービス自体の利用料金は，送料200円（税込）のみである。好みに合った商品は購入して，不要なアイテムは無料で返送できるサービスである。

しかし，ZOZOTOWNは，2019年3月にはサービスを停止した。その理由は同社によると，「既存会員の購入率が低かった」ため事業モデルとして成り立つのが難しいと判断したということである。おまかせ定期便を機にZOZOTOWNに新規入会した客は，購入率も高く非常に好評だったが，普段からZOZOTOWNで買い物をしていた既存会員は購入率が低かったのである。そのため収益性に問題があり撤退となったそうである。

以上のように，サブスクは市場の成長が期待できる分野であるが，一方でそう簡単には成功できないビジネスモデルでもある。

次項では，サブスク事業を成功させるにはどうすべきか？　という点を考えていく。

4　日本においてサブスクを成功させるには

4－1　サブスクの成功法則

今までの企業のビジネスのあり方は，極論すれば，商品を売り切れば終わりであった。あくまでも極論であるが，売った後のことはそんなに気にする必要はなかった。この方法を，単発売切りモデルと呼ぶ。

サブスクのビジネスモデルは，定額を毎月払ってもらい，毎月，違った商品を顧客に届けるという形であるので，顧客に満足してもらわなければ，すぐに解約されてしまう。単発売切りモデルの発想でいてはビジネスにならない。そこで，サブスクでは，単発売切りモデルではなく，顧客との継続的な関係を構築・活用し，自社のサービスの付加価値向上を図るものと考えられている。そのためには，顧客の利用履歴，利用状況を集計・分析し，顧客の動向をとらえ，解約されないよう新規サービスを提供し続ける必要がある。

さらに，顧客に好まれるサービスを提供するために，さまざまな料金体系やサービスメニューを作成・運用することが必要になる。サブスクの顧客は，他に魅力的なサービスがあれば，すぐに解約してしまう。その解約をさせないために，顧客が満足して，継続利用しようと思ってくれるサービスを常に提供し続けなければならないのである。

最も重要な点が，顧客データを活用して，そのデータを活かして，クロスセルやアップセルなどのリコメンドを自動でおこなうシステムを開発したり，顧客データを活用して新サービスを考えるというデータにもとづいた迅速な意思決定をすることである。このデータを活用して，迅速に意思決定できる企業こそがサブスクのビジネスでの勝者になるのである。

以上をまとめると，サブスクを成功させるためには，顧客とのデータをもとにした1対1の対話を重ね，顧客に満足を届け，さらなる顧客満足のために，サービス改善をしていく必要があるということである。そして，それを実現させるには，蓄積された顧客のデータの徹底活用と，それをもとにした迅速な企業側の意思決定が必要になるということである。これができる企業がサブスクでは生き残り，できない企業は滅びることになるのである。

4－2　日本におけるサブスクの成功事例

日本におけるサブスクの成功事例の1つ目として，六本木の高級フレンチのプロヴィジョン（Provision）を紹介する。皆さんも，「六本木，フレンチ，プロヴィジョン」で検索していただきたい。プロヴィジョンでは，月額会費3万円のUnisonプランと5万円のDe Luxeプランの2つのプランが用意されている。1か月間に何度来店しても，この月額料金にほぼすべての飲食代が含まれている。5万円のDe Luxeプランは，キャビアやフォアグラ，トリュフなどの高級食材料理を含むすべてが，月額会費内（5万円）で楽しめるようになっている。六本木交差点やミッドタウンからすぐの路地裏にひっそりと佇む大人のためのフレンチワインバーとなっていて，筆者も利用したことがあるが，非常に心地よい時間を過ごせるレストランである。

プロヴィジョンのサブスクリプション

月額会費

Unison （会員含め４名まで） 30,000円（税別）	De Luxe （会員含め４名まで） 50,000円（税別）

（出所）プロヴィジョンのホームページ

プロヴィジョンでは，先に説明した顧客データの分析をしており，上記の通常プラン以外の追加注文によるクロスセルが大きな収益源になっている。富裕層がターゲットであるので，シャンパンのクリスタルやクリュッグ，赤ワインのボンドや仏ボルドー地方の第２級格付けシャトー・レオヴィル・ラス・カーズなどを販売しているのである。この販売の収益がサブスクにプラスされるので，収益性が向上するのである。

２つ目は，最初に紹介した高級ブランドのバッグを，定額・使いたい放題で提供しているラクサスである。ラクサスのサービス内容はすでに説明したので，ここではラクサスの成功要因について深く切り込む。

先に，サブスクの成功の法則として，「サブスクを成功させるためには，顧客とのデータをもとにした１対１の対話を重ね，顧客に満足を届け，さらなる顧客満足のために，サービス改善をしていく必要があるということである。そして，それを実現させるには，蓄積された顧客のデータの徹底活用とそれをもとにした迅速な企業側の意思決定が必要になるということである」という指摘をした。

この成功法則にラクサスが，どの程度当てはまっているのか検証したいと思う。ここでは，根岸，亀割（2020）『サブスクリプション経営』（日本経済新聞出版社）から引用して説明する。

ラクサスのサービスはテクノロジーを積極的に活用し，さまざまな手段でデータを取得している。スマートフォンの専用アプリの利用データから，会員がどのブランドに関心を持っているかを把握する。また，RFIDタグを活用してバッグが紛失・破損しにくい個体管理の仕組みを構築し，利用・保管期間・稼働率・補修履歴・どの会員が利用したか，などの詳細データを取得する。バッグ返却時は，タグを読み取り，状態を確認し，どう補修してどの棚に保管したかもあわせて記録する。これらのデータは，サービスの継続的改善や収益力強化のために活用されている。サービス開始前は，月額３万円弱の価格設定を予定していたのだが，「扱いが雑」などの質の悪い顧客を退会させ，データをもとに優良顧客を囲い込むことで，余計なコストを抑えて現在では月額は7,480円（税込）となっている。

また，RFIDタグのデータからは効率的な商品管理と会員の使用傾向の把握が可能になっている。そして，データとAIが顧客へのレコメンドに活かされている。アプリに画像を表示して好き嫌いを尋ね，過去の利用データと掛け合わせてAIが学習した結果からバッグをレコメンドするのである。

このラクサスを2019年10月にアパレル大手のワールドが43億円で子会社化した。ワールドの傘下に入っているが，ラクサスにとっては，他力を活用して事業を成長させる試みである。社名やサービスは維持され，ラクサス経営者は40％弱の株式を保有し，社長として経営を継続しているのである。2019年11月の報道によると，ラクサスは，ワールドから100億円規模の資金を得て，かつワールドの商品調達力を活用して，レンタルに回すストック（品揃えと量）の拡大をおこなった。また，ワールドの600万人といわれる巨大な顧客基盤からも送客され，ワールドの自社通販モールや実店舗といったチャネルとも連携しクロスセルがおこなわれている。

バッグというモノを買わせるのではなく，所有から利用へと移っている顧客ニーズや課題をとらえ，デジタルテクノロジーにより顧客接点を構築し，顧客と直接かつ定額課金により継続的につながり，データをもとにサービス改善し続ける。事業成長にとって自力では困難な部分は他力を借り，継続的にサービスを変化させながら顧客満足度を高め，顧客基盤と事業を成長させていく。このような取り組みは，サブスクリプション・ビジネスモデルを象徴しているように思われる。

第4章

経営学の一般的な知識が必要な問題

本章では，経営学の一般的な知識が必要な問題として，以下の４つの問題を出題する。

第１問：消費者ニーズとイノベーション
第２問：差別化戦略と同質化戦略
第３問：インターネットによるチャネルシフト
第４問：ネットワーク外部性

前章で出題した時事的な問題から一歩踏み込んだ経営学の知識が必要な問題である。ここであげた４つの問題は，そのものズバリが出題されているというよりも，それぞれの問題に解答するに当たっての背景にある知識を知っておくと，さまざまな出題形式に対応できるようになるという意味で重要度が高い４つの問題を出題した。本章の４つの問題の解説部分で説明している知識を持っていれば，多くの国内MBA入試の小論文への対応力が養成されるのである。

第１問：消費者ニーズとイノベーション

消費者ニーズを満たす商品やサービスを開発して提供することはマーケティング戦略上では重要なことだといわれている。逆に，消費者ニーズを満たすことを第一に考えて商品やサービスを開発することによって生じる問題もあるといわれている。その問題点について論じなさい。

（字数：1,000字以内，制限時間：60分）

解答例

消費者ニーズを満たすことを第一に考えて商品やサービスを開発することにより生じる問題点として，イノベーションの機会を見失うという点をあげる。

企業には上得意のお客様（消費者）のニーズに応えようとして，彼らの意見に耳を傾ける習慣がある。そのため，上得意ではないお客様のニーズに応えようとせず，それが消費者ニーズを見落とす結果になる場合がある。その結果，他の会社に非常に魅力的なビジネス機会を与えてしまうのである。そして，他の会社によって，その業界の市場シェアを奪われてしまい，既存の企業はダメージを受けてしまうのである。

具体例として，理髪店業界をあげる。理髪店は，髪を切るだけでなく，ホットタオルで顔を蒸す，シャボンをつけてヒゲを剃る，マッサージをする，シャンプーする，ブローする，整髪剤をつける，といったさまざまなサービスを提供している。これら一連のサービスを受けて，1時間から1時間半を費やして，料金は3,000円～5,000円といったところである。

このような上得意客のニーズだけを見ていると，髪だけ切れればいいという，理髪店にあまり要求をしてこないお客様のニーズは見落としてしまう。このようなお客様は，髪だけ切って，短時間で終わること，低料金であること，などを求めるのだろう。ただ，このニーズは，上記のような理髪店では実現はできない。なぜなら，上得意のお客様の要求を満たすという習慣が身についてしまっているからである。

そこで登場するのが，髪だけ切って，短時間で終わること，低料金であることというニーズを満たす企業である。それが今では理髪店の代表企業になっているQBハウスである。QBハウスは，髪を切るということにだけフォーカスしたサービスを提供している。散髪だけして，その他の髪を洗う，ホットタオルで顔を蒸す，などの付加サービスはまったくない。髪を切るだけで，10分で終わり，料金も1,000円という価格設定である。このサービスは，髪型にこだわらない忙しいサラリーマンに支持され大きな成長を遂げた。

QB ハウスのような事例は，既存の上得意客のニーズを聞いていては実現できない。そのために，既存の消費者ニーズを満たすことを第一に考えていてはいけないのである。

解説

ハーバード大学ビジネススクール教授のクリステンセンが提唱している「イノベーションのジレンマ」の破壊的イノベーションというのは，目の前にいる上得意客の声に耳を傾けることがどれほど危険なことなのかを説明するフレームワークである。今回の解答例を作成する際には，このフレームワークを使ったので，ここではクリステンセンが提唱している破壊的イノベーションについて説明する。ただ，本問題の解答は，ここで説明した破壊的イノベーションだけが正解になるというわけではない。その他の視点でも問題はない。

なお，今回説明する「イノベーションのジレンマ」に関しては，慶應義塾大学大学院経営管理研究科，東京都立大学大学院経営学研究科，法政大学大学院イノベーション・マネジメント研究科などで出題されており，国内 MBA 入試では頻出のテーマであるので，以下の解説を読んで頭に入れていただきたい。

1　破壊的イノベーションとは？

破壊的イノベーションとは，企業には要求のうるさい上得意のお客様の要求に応えるような習慣があるために，あまり企業に要求をしてこないお客様（もしくは，そもそもお客さんになっていない人）のニーズを見落とす傾向があることによって生じるイノベーションである。企業にあまり要求をしてこないお客様のニーズを見落としてしまうため，それが他の会社に非常に魅力的なビジネス機会を与えてしまうのである。そして，他の会社によって，その業界の市場シェアを奪われてしまい，既存の企業にとってはこれまでのやり方や秩序を破壊されてしまうので，破壊的イノベーションといわれている。この破壊的イノベーションには，ローエンド破壊と新市場型破壊の２つのパターンがある。

では，２つについて，具体的に説明してみよう。

2　ローエンド破壊

まずは，ローエンド破壊である。ちょっと前（2000年くらい）の理髪店を思い浮かべていただきたい。当時の理髪店は，髪を切るだけでなく，ホットタオルで顔を蒸す，シャボンをつけてヒゲを剃る，マッサージをする，シャンプーする，ブローする，整髪剤をつける，といったさまざまなサービスを提供していた（今もこのスタイルの理髪店は当然存在する）。さらなる顧客満足を狙った店舗では，コーヒーやお茶を出すことも当たり前であった。また，パーマやカラーの待ち時間を退屈させないために，理髪店には膨大な量の週刊誌や雑誌，漫画が置いてあることも多い。これら一連のサービスを受けて，１時間～１時間半を費やして，料金は3,000円～5,000円といったところである。

理髪店に頻繁に通うお客様は，上記以外にも，トリートメントやスパなどを求める場合もあり，どんどんサービス内容が増えて，料金も上がっていく傾向にある。これが上得意のお客様の声を聞くということである。

これをしていくと，髪だけ切れればいいという，理髪店にあまり要求をしてこないお客様のニーズを見落としてしまう。髪だけ切れれば，髪を洗う，ホットタオルで顔を蒸す，シャボンをつけてヒゲを剃るなどの付加サービスは必要ないというお客様も当然存在する。このようなお客様は，髪だけ切って，短時間で終わること，低料金であること，などを求めるのだろう。ただ，このニーズは，上記のような理髪店では実現はできない。なぜなら，要求の厳しい上得意のお客様の要求を満たすという習慣が身についてしまっているからである。

そこで登場するのが，髪だけ切って，短時間で終わること，低料金であることというニーズを満たすための企業である。それが今では理髪店の代表企業になっているQBハウスである。QBハウスは，髪を切るということにだけフォーカスしたサービスを提供している。散髪だけして，その他の髪を洗う，ホットタオルで顔を蒸す，シャボンをつけてヒゲを剃るなどの付加サービスはまったくない。髪を切るだけで，10分で終わり，料金も1,000円という価格設定である。このサービスは，髪型にこだわらない忙しいサラリーマンに支持され大きな成長を遂げた。

このQBハウスのサービスの成功要因は，従来の理髪店では満たされていなかった「髪だけ切って，短時間で終わること，低料金であること」というニーズを満たしたことにある。要求のうるさい上得意のお客様のことをハイエンド顧客というのに対して，要求のあまりうるさくないお客様のことをローエンド顧客という。そして，QBハウスは，このローエンド顧客をターゲットにして業界にイノベーションを起こした。そして，このローエンド顧客をターゲットにしたサービスというのは，従来型のハイエンド顧客をターゲットにする理髪店では実現しにくい。理由は，繰り返しだが，要求の厳しい上得意のお客様の要求を満たすという習慣が身についてしまっているからである。

そのために，QBハウスのようなローエンド顧客をターゲットにしたイノベーションは，業界常識を破壊してしまうという意味で，破壊的イノベーションの中でも，「ローエンド破壊」と呼ばれている。

このようなローエンド破壊は，既存の上得意客のニーズを聞いていては実現できない。そのために，既存の消費者ニーズを満たすことを第一に考えていてはいけないのである。

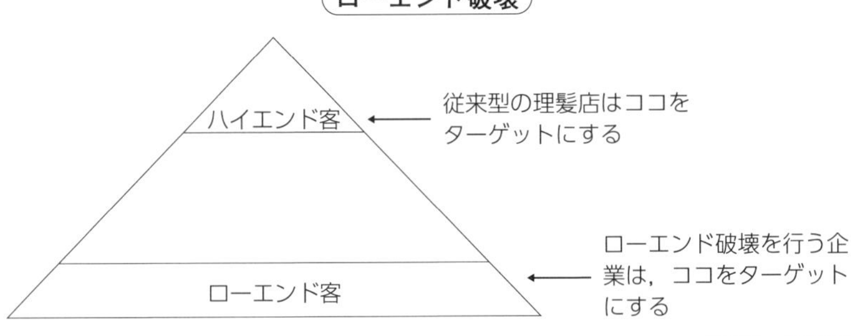

（出所） 筆者作成

3 新市場型破壊

次に，新市場型破壊である。先のQBハウスの事例は，ローエンド顧客をターゲットに破壊的イノベーションを仕掛けるものだった。今回紹介するのは，そもそもの話として，顧客になっていない人（これをノンカスタマーと呼ぶ）をターゲットにして破壊的イノベーションを仕掛けるものである。事例として，すでに製造（生産），開発を終了しているが，任天堂のwiiというゲーム機を取り上げる。

ゲーム業界では，従来は，ソニーのプレイステーション３（以下，プレステ３）が全世界で人気があった（2007年時点）。プレステ３の主なターゲットは，若い男性と子供であった。このターゲット層を満足させるために，プレステ３は，リアルでスムーズなグラフィックス，コンテンツの複雑さ，クリアの難しさ，複雑な操作に対応できるコントローラなどマニアックなまでのこだわりを見せていた。そのため，価格も家庭用ゲーム機としてはかなり高額な62,790円となっていた。

このように若い男性と子供だけをターゲットにしていたゲーム業界において，任天堂は，主婦やおじいちゃんやおばあちゃんなど，これまでゲームをしたことがない人（ノンカスタマー）を顧客として取り込むことを考えていた。そこで，主婦やおじいちゃんやおばあちゃんなどは，どうしてゲームをしないのか市場調査をおこなった。その結果，「操作が面倒」「初期設定がよくわからない」「値段が高い」「ゲーム時間が長い」「子供の手前やりにくい」などの理由を突き止めた。

そこで，任天堂は，「シンプル」「短時間でできる」「マニュアルがなくてもできる」という点を基本コンセプトに，さらには，主婦やおじいちゃんやおばあちゃんなどを顧客として取り込むために，「家族の生活に溶け込む」という点を心がけて製品開発することにしたのである。その結果，wii は，老若男女みんながよく知っている内容のゲームを増やし，それを体感的に使えるスティック状のコントローラにし，家族みんなで短時間で手軽に楽しめる体を動かすタイプのゲームを開発し，「シンプル」「短時間でできる」「マニュアルがなくてもできる」「家族の生活に溶け込む」を実現したのである。価格も25,000円というプレステ３の半額以下を実現し，大ヒット商品になったのである。

この任天堂の wii の事例は，従来はゲームに無縁であった主婦やおじいちゃんやおばあちゃんなども市場に取り込んだという点で新市場を創造したといえる。この任天堂の wii の成功要因は，従来のゲーム機では満たされていなかった「シンプル」「短時間でできる」「マニュアルがなくてもできる」というニーズを満たしたことにある。これを満たしたことによって，従来はゲームをまったくしたことがなかった主婦やおじいちゃんやおばあちゃんなどを市場に取り込み，新市場を創造したのである。そして，この主婦やおじいちゃんやおばあちゃんなどをターゲットにしたゲーム開発というのは，従来型の若い男性や子供をターゲットにするプレステ３を開発したソニーには実現はしにくい。理由は，ゲームに対する要求の厳しい若い男性や子供の要求を満たすという習慣が身についてしまっているからである。

そのために，任天堂の wii のような主婦やおじいちゃんやおばあちゃんなど，今までターゲットとしてこなかった人をターゲットにしたイノベーションは，業界常識を破壊してしまうという意味で，破壊的イノベーションの中でも，「新市場型破壊」と呼ばれている。

このような新市場型破壊は，既存の顧客である若い男性や子供のニーズを聞いていては実現できない。そのために，既存の消費者ニーズを満たすことを第一に考えていてはいけないのである。

新市場型破壊

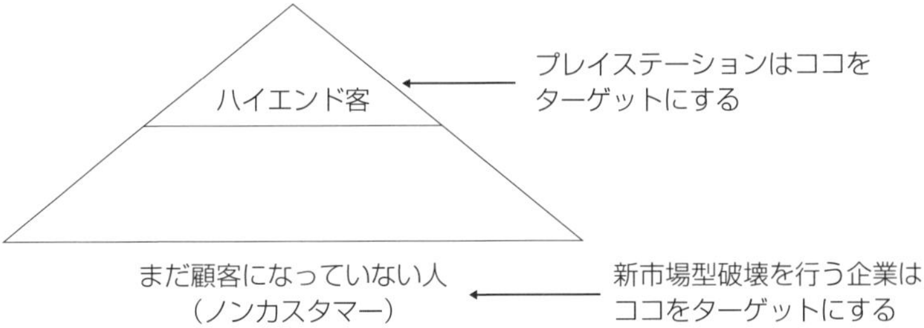

（出所）　筆者作成

第2問：差別化戦略と同質化戦略

ある企業が製品差別化をして新製品を発売した。すると別の企業がすぐにマネをして同質化してきた。企業の差別化を無力化してしまう同質化戦略に対して，差別化をしかけられた企業はどのように対応すべきか，あなたの考えを述べなさい。

（字数：1,000字程度，制限時間：60分）

解答例

企業の差別化を無力化してしまう同質化戦略への対応策は，自社が実施している差別化戦略に対して，競合他社よりも多くの経営資源を集中的に投入することである。これによって，競合他社の同質化を無力化することができる。以下で詳しく説明する。

差別化には，４つのパターンがある。１つ目は，「製品差別化」である。２つ目は，「価格差別化」である。３つ目は，「サービス差別化」である。４つ目は，「ブランド差別化」である。

上記の４つの差別化には，多くの企業が採用する典型的なパターンがある。ブランド差別化は，稀少性が高い差別化のパターンであり，すべての企業が採用できるわけではないので，ここでは一般的な企業も採用可能な製品差別化，サービス差別化，価格差別化の３つをもとに，多くの企業が採用する典型的なパターンを紹介する。

まず多くの企業が採用する差別化のパターンは，製品差別化である。画期的な新製品を出そうと多くの企業が考えていることからもわかるとおり，製品差別化が最も一般的な差別化のパターンである。この製品差別化はある一定期間は持続するが，その期間が経過すると，競合他社が類似の製品をマネして市場に出してくる。製品差別化は以前のようには機能しなくなる。

そうすると，今度はサービス差別化に移行するのである。サービス差別化に移行したところで，また競合他社がそのサービス差別化をマネしてきたら，サービス差別化も機能しなくなってしまう。そこで，最終手段である価格差別化を採用するようになるのである。

以上のように，製品差別化→サービス差別化→価格差別化，という形が典型的な差別化のパターンである。

このような典型的なパターンを形成する中で，競合他社との差別化競争に勝つためには，経営資源をどこに集中させるかという配分パターンで競合他社との間に差をつくるのである。例えば，価格差別化を実現しようとするならば，そのための経営資源投入を競合他社よりも集中的に実施する必要がある。価格差別化を実現するには，コストを低下させる必要があるが，そのために必要な経営資源は，大規模な製造設備を作るための人，物，金への投資である。なぜならば，規模が大きくなれば，規模の経済性や経験効果が機能し，コスト低減が実現するからである。これらへの集中的な投資を実施した企業が価格差別化の競争の勝者になるのである。

以上のような経営資源集中投入による差別化の実現は，「全体としては経営資源に大きな差がない」場合でも競争上の優位性をつくりだすことができる。

解説

差別化戦略に関する問題は，どこの大学院で出題されていると特定できないほど多くの大学院で出題されている。代表的な大学院をあげるとすれば，一橋大学大学院経営管理研究科，早稲田大学大学院経営管理研究科である。その他の大学院でも紹介しきれないくらい頻出している。そのため，小論文が課せられている国内 MBA を受験するすべての方に，以下の解説を読んでいただきたい。

1　4つの差別化

製品・サービスの差別化として，第３章の第１問の解説で，「既存製品の延長線上にある差別化」と「既存製品の延長線上にはない新たな価値を創造する差別化」を説明した。この２つの差別化は，製品（サービス）差別化である。製品差別化以外にも，差別化の方法はある。ここでは，製品差別化を含め４つの差別化の方法を紹介する。１つ目は，第３章の第１問の解説で説明した「製品差別化」である。2つ目は，「価格差別化」である。3つ目は，「サービス差別化」である。4つ目は，「ブランド差別化」である。なお，この4つの差別化のパターンに関しては，伊丹敬之（2012）『経営戦略の論理』（日本経済新聞出版社）からの引用であり，以下の説明も同書の内容をもとに筆者なりの視点も加えて説明していく。

4つの差別化

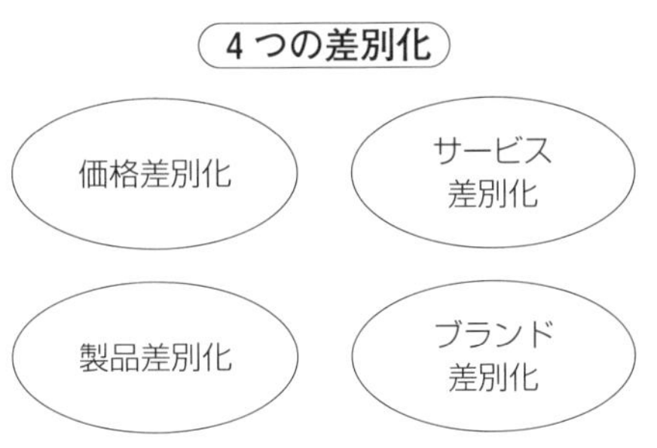

（出所）　筆者作成

1つ目は，「製品差別化」である。製品やサービスの機能や品質そのもので競争相手との差をつくる戦略である。第3章の第1問の解説で説明したダイソンの掃除機が製品差別化の事例である。ダイソンは，従来の掃除機にはない，紙パックが不要になる方式として，デュアルサイクロン方式を開発した。このダイソンは，製品の機能や品質そのもので既存の競争相手との差をつくった事例である。なお，この製品差別化には，第3章の第1問の解説で説明したとおり，「既存製品の延長線上にある差別化」と「既存製品の延長線上にはない新たな価値を創造する差別化」の2種類がある。忘れた方は第3章の第1問の解説を再度お読みいただきたい。

2つ目は，「価格差別化」である。製品は似ていても価格で差をつくる戦略である。同等の機能・品質を安い価格で提供する，低価格戦略である。携帯電話各社が取り組んでいる低価格スマホが該当する。楽天モバイルの参入を機に，au，NTT ドコモ，ソフトバンクの大手3社も格安スマホ市場に参入し価格競争になっている。

3つ目は，「サービス差別化」である。製品や価格は似たようなものでも，補助的サービスの違いで差をつくる戦略である。納期，納入時の手伝い，アフターサービス，決済手段の付加，購入のしやすさなどさまざまな補助サービスがある。サービス差別化の事例として，リコーのコピーサービスをあげる。筆者が経営していたウインドミル・エデュケイションズ株式会社は新宿区にあった。受講生がたくさん来るので，コピー機もたくさん必要であった。コピー機がたくさんあると，故障することもあるのだが，リコーは電話一本ですぐに修理に駆けつけてくれるのである。リコーの営業マンは，コピー機の修理も対応可能で，その営業マンが，常に新宿区のあたりに滞在している。そのため，何かあって電話すると，すぐに駆けつけてくれるのである。他社のコピーサービスでは，ここまですぐに駆けつけることはないそうである。圧倒的なサービス差別化ができている事例である。ちなみに筆者は，この利便性のために，ずっとリコーを利用している。

4つ目は，「ブランド差別化」である。ブランド力があれば，製品の機能は同じようなものでも，高額な価格で顧客は購入する。事例としては，ルイ・ヴィトンのバッグなどの高級ブランドである。バッグは機能としては，物の持ち運びができれば問題はない。しかし，機能だけでなく，持っていることに対するステイタスや満足感，優越感などの情緒的価値がブランド品にはあるのである。その情緒的価値を求めて多くの人がブランドを購入する。

この4つの差別化の中で，自社はどの差別化を採用するかを決めるのだが，その際には競合他社の動きを見ながら決定することになる。もし，自社が製品差別化を推し進めている場合に，競合他社が自社の差別化をマネして同質化する戦略を採用してきた場合，自社は製品差別化からサービス差別化に差別化戦略のスタイルを変えていく必要がある。ただ，自社がサービス差別化に軸足を移して，そこで収益をあげるようになると，再度競合他社が自社のサービス差別化をマネして同質化を仕掛けてくることが生じる。そうなると，残る戦略は価格差別化しかなくなり，自社と競合他社は熾烈な価格競争をおこなうようになるのである。

ここで読者の皆さんの中には，どうしてブランド差別化が出てこないのだろうと疑問に思った方もいると思う。ブランドというのは，他の差別化と違って，どの企業でも採用できる差別化戦略ではないからなのである。先の例に示したとおり，ルイ・ヴィトンというブランドは，長い歴史の中で形成されてきたものであり，またどうやってブランドを構築するのか，というブランドのつくり方もわかっていない。なので，他の差別化のようにすぐに実践できるものではないのである。ブランドという経営資源は，リソース・ベースト・ビュー（資源ベースの戦略論）では，稀少性が高い資源といわれている。稀少性が高いということは，ブランドという経営資源を持っている企業がごくわずかしか存在しないということである。第3章の第3問のSDGsの部分で，「ブランド構築ができる」という点に関して説明した。そこではブランド認知，ブランド連想について説明したが，ブランド認知を高めるのは大変なことであるし，消費者に好印象を与えるブランド連想を構築するのも大変なことである。すべての企業がすぐにブランド認知を高めたり，ブランド連想を構築したりはできないのである。よって，ブランド差別化というのは，利用できる企業は限られているのである。

2　望ましい差別化の形

以上の4つの差別化には，一般的にいわれる「望ましさ」の順序がある。最も望ましいのは，先に説明した模倣困難な差別化であるブランド差別化である。ただ，これはすべての企業が実践できるわけではなく，ブランド力の高い企業だけが利用できる差別化の形である。

そうすると，次に望ましいのは，製品差別化である。先のダイソンの掃除機のように，まったく新しい機能を持った製品の場合，特許で保護されているとか，技術のノウハウの格差は埋めにくいなどの理由で，優位性を保てる時間も確率も大きいのが普通である。次は，サービス差別化で，最も好ましくないといわれている差別化が価格差別化である。価格差別化は，競合他社が内部留保の大きい大手企業で，赤字でもかまわないという覚悟で攻めて来られた場合，優位性はすぐになくなってしまう。製品差別化やサービス差別化などと比較して，優位性を維持できる時間が短いのである。そのために，価格差別化は優先順位としては低くなる。

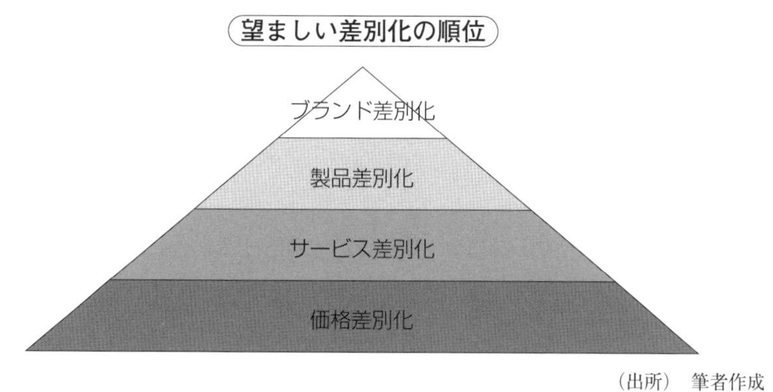

（出所） 筆者作成

3　差別化による競争のサイクル

先に説明した4つの差別化には，多くの企業が採用する典型的なパターンがある。ブランド差別化は，先に説明したとおり，稀少性が高い差別化のパターンで，すべての企業が採用できるわけではないので，ここでは一般的な企業も採用可能な製品差別化，サービス差別化，価格差別化の3つをもとに，多くの企業が採用する典型的なパターンを紹介する。なお，ここでの記載の内容も，伊丹敬之（2012）『経営戦略の論理』（日本経済新聞出版社）をもとに筆者なりのアレンジを施して記載する。

まず多くの企業が採用する差別化のパターンは，製品差別化である。画期的な新製品を出そうと多くの企業が考えていることからもわかるとおり，製品差別化が最も一般的な差別化のパターンである。この製品差別化はある一定期間は持続するが，その期間が経過すると，競合他社が類似の製品をマネして市場に出してくる。そうすると，製品差別化も以前のようには機能しなくなる。スマホは最初はiPhoneだけであったが，今は各メーカーがすべてiPhoneと同じ機能を持ったスマホを出している。そのため，iPhoneの一人勝ちの状態ではなくなってしまった。

このように製品差別化をしても競合他社がマネをしてくるため，差別化の持続期間は限られてくる。そうすると，今度はサービス差別化に移行するのである。サービス差別化に移行したところで，また競合他社がそのサービス差別化をマネしてきたら，サービス差別化も機能しなくなってしまう。そこで，最終手段である価格差別化を採用するようになるのである。

以上のように，1つの市場で時間の経過とともに，競争の形（差別化のパターン）のサイクルともいうべきものが出現するのである。以下の図のように，製品差別化→サービス差別化→価格差別化，という時間的なサイクルである。

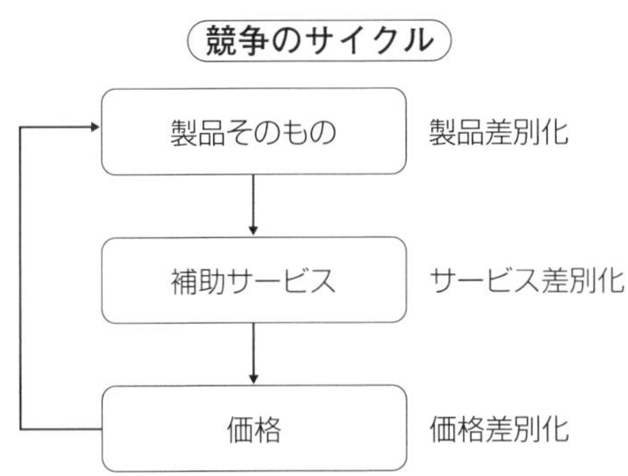

（出所） 伊丹敬之（2012）『経営戦略の論理』日本経済新聞出版社

このような差別化のパターンが存在するということは，それをあらかじめ見越した戦略を企業はつくるべきだということを意味する。自社が製品差別化で戦っていても，その効力はいずれなくなる。競合他社も，製品差別化の競争は早晩終わりになると予想した場合，サービス差別化への重点シフトを用意するだろう。自社は，その時の準備をしておかなければならないのである（伊丹，2012)。このような形で，競争の形である差別化のパターンが変化していくとするならば，企業はどのような戦略を採るべきなのだろうか。この点に関して，次項で考えてみる。

4　競争のサイクルへの対応策

上記のとおり，製品の差別化を仕掛けても，すぐにマネされて，サービスの差別化に移行し，それもマネされて，最終的に価格差別化に行き着くとなると，企業はどのような対応をすべきなのだろうか。以下の２つの対応策がある。こちらも，伊丹敬之（2012）『経営戦略の論理』（日本経済新聞出版社）をもとに筆者なりのアレンジを施して記載する。

１つ目は，差別化の形を，市場での競争の形に合わせて変化させることである。あるいは，その変化の一歩先を常に歩んでいくことである。製品差別化の先頭を走り，先頭を走っている間に，次の競争ステージであるサービス差別化の準備をしておくのである。そして，サービス差別化のステージになったら，次のステージである価格差別化に耐えられるような合理化を図るのである。そして，既存製品が価格競争の時期に突入したら，次の新たな製品差別化を実施するために，新製品開発の準備に入るのである。二の次，三の次の準備を競争のサイクルを見越してやっていくのである。１つの製品分野で生まれ，次第に成長してきた企業のほとんどが，その成長初期の段階で，この差別化のサイクル変化をしているのである。

２つ目は，製品差別化，サービス差別化，価格差別化のうち，自分の得意な差別化を特定しておいて，その得意な差別化だけで勝負して，個々の市場の競争のサイクルの変化にはあえてすべては対応しないというスタンスを決める形である。例えば，製品差別化を常に中心に置いて，自分の得意な製品差別化という形を実践し続ける。そして，競争のステージが，製品差別化からサービス差別化に移行した場合は，深追いせずに，自分が得意とする製品差別化が有効なセグメントや新たな新製品に企業の軸足を移していく。それによって，個々の市場セグメントに対して，完全な対応はできないが，伸びていく新製品と衰退する既存製品とのバランスを考慮して，企業全体としては，成長できるように工夫するのである。

この２つ目の対応策が有効なのは，複数の製品を抱えて，さまざまな市場への展開をしている多角化した大企業である。大企業の場合は，多くの市場セグメントを対象に，さまざまな製品を売り出している。この多くの製品の中で，自分が得意な差別化が活かせる製品や市場セグメントを常にいくつか持っておくのである。その自分が得意な差別化が活かせる製品で稼ぐのである。得意な差別化の形が次の差別化のステージに移行して，自社の強みを持つ差別化が活かせなくなった場合は，それはもう仕方ないとあきらめるのである。あくまでも，自社の強みが活かせる差別化だけで勝負をするのである。この稼げる製品と，ある意味あきらめる製品のメリハリをつけて，最終的には企業全体が儲かるようにポートフォリオの設計をするのである。

5　資源投入パターンで差別化を図る

前項で「競争のサイクルへの対応策」について説明したが，その対応策の１つ目は，自社が採用する差別化の形を変化させることであり，２つ目は，自社が得意とする差別化の形を特定し，その部分だけで勝負する，ということであった。

この２つの対応策は，自社が採用しようと考えるならば，当然のことながら競合他社も採用しようと考える。よって，同じような差別化の形を，自社も競合他社も実施するという，これまた体力消耗戦になるような状況が予想される。そうなった場合，差別化を実施するパターンをより効率的に実施できるほうが，コストが安いということで，優位性を持つことになる。例えば，価格差別化という次元での競争になったとしよう。その場合，低価格を実現するための経営資源を持つ必要がある。例えば，大規模な製造設備を持つことによる規模の経済性や経験効果による低コストが実現するならば，それだけ競合他社よりも価格差別化の競争を有利に進めることができる。競合他社よりもコストが低いということは，仮に似たような製品を似たような価格で売り出したとした場合に，利益は競合他社よりも多くなることになる。これによって価格競争に勝利できるのである。

以上のように，経営資源を積極的に投入することで，競合他社よりスピーディに，より低いコストで，効率的に差別化のパターンを実現できるならば，それが優位性につながるのである。

競合他社との経営資源投入の差のつくり方として，大別して2つの考えがある。伊丹（2012）をもとに，以下でこの2つの考えについて筆者なりの視点を加えて説明する。

差別化の武器の効率的なつくり方

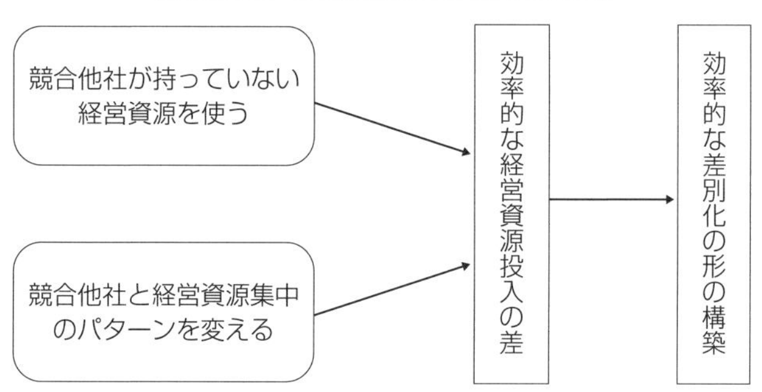

（出所） 伊丹敬之（2012）『経営戦略の論理』日本経済新聞出版社

1つ目は，競合他社が持っていなくて自社が持っている経営資源・能力を徹底的に利用するという考えである。例えば，他分野で蓄積した技術の転用，自社のブランド力や流通網の利用などである。具体的な事例としては，先にも取り上げたダイソンである。ダイソンは，独自の技術力を，掃除機だけでなく，扇風機などの空調家電，ドライヤーなどのヘアケア製品といった形で幅広く利用して，各市場において製品差別化を実現し，競争力を持続させている。また，アップル社のiPhone，iPod，iPadなどの一連の製品も，アップル社独自の卓越したデザイン性を生み出す能力を利用し，各市場において製品差別化を実現し，競争力を持続させている。どちらも競合他社がマネできない模倣困難な経営資源を保有しているから可能になる製品差別化の事例である。

２つ目は，持っている資源は似ていても，それをどこに集中させるかという配分パターンで競合他社との間に差をつくる考え方である。例えば，価格差別化を実現しようとするならば，そのための経営資源投入を競合他社よりも集中的に実施する必要がある。先に説明したが，価格差別化を実現するには，コストを低下させる必要があるが，そのために必要な経営資源は，大規模な製造設備を作るための人，物，金への投資である。なぜならば，規模が大きくなれば，規模の経済性や経験効果が機能し，コスト低減が実現するからである。これらへの集中的な投資を実施した企業が価格差別化の競争の勝者になるのである。

以上のような経営資源集中による効率的な差別化のパターンの実現は，「全体としては経営資源に大きな差がない」場合でも競争上の優位性をつくりだす考え方として，大切な考えである。我々は，「既存の経営資源格差を利用できないか」という１つ目の考え方は思いつきやすいが，２つ目の「経営資源を集中させて競合他社との間で，資源配分の差をつける」という考え方を忘れがちである。

以上，競合他社が自社の差別化を無力化させるような同質化をしてきた場合の対応策について詳しく説明してみた。ご理解いただけたであろうか。ここで説明したことは，ご自身のビジネスの現場においても役立つはずである。受験対策という域を超えて，本書でマスターした知識を活用していただきたい。

第3問：インターネットによるチャネルシフト

インターネットの普及によって，Web上のサービスが人々の生活に必須のものとなってきている。自分が探したい情報をWebで見つける。欲しいものをEコマースで購入する。友人たちとSNSでつながる。自宅にいながらにしてテレワークをおこなうといった形で，サービスの幅は年々広がっている。

（設問1）

Web上のサービスで，従来の生活を一変したもの（もしくは，今後，生活を一変させるだろうと予想されるもの）を2つあげて，そのサービスの内容をそれぞれ説明しなさい。なお，ここで取り上げるサービスは，特定の企業のサービスでもかまわないし，特定の企業ではなく，サービスのカテゴリー（例えば，Eコマース）でもかまわない。自分が書きやすいほうで書きなさい。

（設問2）

設問1で述べた2つのサービスに関して，サービスの優位性を決定付ける共通の要因を探して説明しなさい。

なお，解答の際には必要に応じて図や表を用いてもかまわない。

（字数：1,200字程度，制限時間：90分）

解答例

（設問１）

今後，日本での生活を一変させるだろうと予想されるサービスとして，アマゾンが米国で開始しているWebを利用したサービスであるアマゾンゴー（Amazon Go）とアマゾンブックス（Amazon books）の２つを取り上げる。

アマゾンゴーは，2018年１月に米国で１号店をオープンしたレジのないコンビニエンスストアである。顧客はアプリを起動し，ゲートにかざして入店する。あとは棚から好きな商品を選んでピックアップし，そのまま店を出てしまってかまわない。

ピックアップした商品は，店内に設置されたセンサーなどを通じて認識され，顧客が店を出るとオンラインのアカウントで決済される仕組みだ。顧客はオフラインのリアル店舗で商品を選択しているのだが，レジで現金やクレジットカードを提示することなく決済を完了できる。これはアマゾンがIDを通して，顧客とオンラインでつながっているからこそ可能であり，間違いなく，オフライン（実際の店舗）におけるシームレスかつ新しい購買体験である。

次は，アマゾンブックスである。アマゾンブックスは，アマゾンが展開するオフライン（リアル店舗）のブックストアである。その品揃えは，アマゾンでの人気ランキングやレビューといった「オンラインでの情報」を活用している。各商品の前に掲げられた黒いタブには，アマゾンのオンラインショップに掲載されているレビューなどが表示されているが，価格はどこにも表示されていない。代わりに商品コードが記載されており，顧客はスマートフォンでアマゾンアプリを立ち上げてコードをスキャンし，オンラインでレビューや価格情報を確認して選択する。もちろんそのままオンラインで購入してもかまわないが，選択した商品は，店舗内のレジカウンターで購入し持ち帰ることができるので，その点は通常の店舗と変わらない。

（設問２）

アマゾンゴー，アマゾンブックスに共通する優位性の源泉は，従来にはなかった新たなチャネルを開拓していることである。チャネルシフトを起こしているのである。このチャネルシフトを起こしているというのが，両サービスに共通する優位性の源泉なのである。

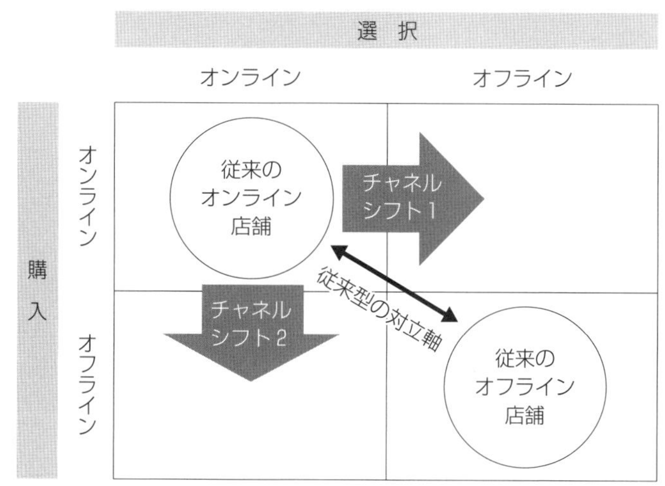

従来のチャネル戦略というと，オンライン店舗 vs オフライン店舗（リアル店舗）という構図だけであった。アマゾンゴーやアマゾンブックスは，従来型のチャネルではなく，上図のチャネルシフト１，チャネルシフト２というオンラインとオフライン（リアル）の融合を試みているのである。このオンラインとオフライン（リアル）の融合というのは，今後のチャネルのあり方の基本的な形になることが予想される。IT の進歩によって，

オンラインでの選択や購入が一般的になるが，そういう時代だからこそ，オフラインのリアル店舗を持つことが大きな差別化要因になるのである。
今後のチャネルシフトの動向を観察していくと，おそらくであるが，オンラインが一般的になりながらも，オフラインのリアル店舗をどう位置づけて活用するかが，競争優位を左右すると予想している。

解説

今回の問題は，IT，IoT などの情報技術を企業経営に絡めた問題であり，第１章で説明したとおり，筑波大学大学院人文社会ビジネス科学学術院での出題が予想されるタイプの問題である。筑波大学大学院人文社会ビジネス科学学術院を受験される方は，特に真剣に取り組んでいただきたい。また，今回の解説部分のインターネットによるチャネルシフトに関しては，京都大学経営管理大学院でも頻出のトピックであるため，同校を受験する方も，以下の解説をしっかりお読みいただきたい。さらに，インターネットによるチャネルシフトに関しては，産業構造を大きく変えてしまう可能性を秘めた時事的なトピックでもある。そのため，すべての大学院の小論文での出題の可能性がある。よって，国内 MBA を受験する方は全員が読んでおくべきだと考えている。

では，さっそく解説をしていこう。今後，人々の生活を一変させるだろうと予想されるサービスとして，１つ目は「レジのないコンビニエンスストア」を取り上げる。２つ目は，「オンラインとオフラインの融合による新たな店舗形態」を取り上げる。

1　レジのないコンビニエンスストア

レジのないコンビニエンスストアの代表的な事例として，アマゾンゴーをあげる。以下，奥谷孝司，岩井琢磨（2018）『世界最先端のマーケティング』（日経 BP）から引用しアマゾンゴーについて説明する。

アマゾンゴーは，2018年１月に米国で１号店をオープンしたレジのないコンビニエンスストアである。顧客はアプリを起動し，ゲートにかざして入店する。あとは棚から好きな商品を選んでピックアップし，そのまま店を出てしまってかまわない。

ピックアップした商品は，店内に設置されたセンサーなどを通じて認識され，顧客が店を出るとオンラインのアカウントで決済される仕組みだ。顧客はオフラインのリアル店舗で商品を選択しているのだが，レジで現金やクレジットカードを提示することなく決済を完了できる。これはアマゾンが ID を通して，顧客とオンラインでつながっているからこそ可能であり，間違いなく，オフライン（実際の店舗）におけるシームレスかつ新しい購買体験である。

このようなレジ決済不要の店舗の実現は，店内での顧客行動の理解をさらに深める可能性がある。アプリを使用することで，顧客 ID が把握できるため，どんな顧客が入店し，店内でどう回遊して，どんな商品を手に取り，実際に何を買ったのか，来店時間・滞在時間・検討時間・選択商品・購入履歴に至るまで，買い物行動をすべて把握できる可能性がある。

これらの知見は，これからのオフライン店舗の運用に活用できる。アマゾンゴーのような店舗が広範囲に展開されたら，顧客はみんな利用するようになる可能性もあり，従来型のオフライン店舗を展開する企業にとっては脅威になるだろう。

以上，奥谷，岩井（2018）を引用して，アマゾンゴーを説明した。アマゾンゴーのような店舗が日本でも増えてくれば，スマホだけ持っていれば，他は何も持たなくても，いつでも買い物ができるようになり，さらにはサービス提供側であるアマゾンも人件費という固定費が不要になるため，利用者，サービス提供者，双方にとって大きなメリットがある。

では，日本では，このアマゾンゴーのようなレジのないコンビニエンスストアの普及はどうなっているのだろうか。2021年6月現在で筆者が調査をしてみた。

1つ目は，株式会社TOUCH TO GOが提供している無人決済店舗である。株式会社TOUCH TO GOは，JR東日本スタートアップ株式会社と，サインポスト株式会社による合弁会社である。両社はJR東日本スタートアップが主催するスタートアッププログラムの中で，「お客さまへのサービス向上，従業員の働き方改革や人手不足の解消」を目的に無人決済店舗の開発・協業をスタートさせた。おそらく，体験した人の数が最も多いのは，高輪ゲートウェイ駅構内に2020年3月開店した「TOUCH TO GO」の無人店舗であろう。筆者も体験済みであるが，たしかにレジなしというのは時間も手間もかからず，便利だと感じた。

「TOUCH TO GO」の無人店舗の仕組みは，まず，天井に設置されたToFカメラ（光の飛行時間を利用して三次元情報を計測可能なカメラ）とRGBカメラ，もしくはステレオカメラで来店客の行動を把握し，追跡する。次に商品棚の重量センサーで，来店客がどの棚のどの商品を何個取ったのかという精度を補完する。決済は大きく分けて，アプリなどに登録したクレジットカードでの引き落としと，セルフレジでの支払いの2パターンである。

2つ目は，株式会社セキュアが運営する無人店舗「SECURE AI STORE LAB」である。「SECURE AI STORE LAB」は，新宿住友ビル地下1階に2020年7月オープンした店舗である。こちらは，Webサイトでの会員登録（クレジットカードも登録）と，初回の店頭タブレットによる顔登録が必要なため，事前登録に手間がかかる。ただし，登録後は，手ぶらで買い物が可能である。

入口のタブレットに視線を向けることで，顔認証で入店でき，取った商品は自動でカウントされて退店も顔認証で可能である。この店舗の特徴は手に取った商品の商品情報や口コミがモニターに表示されることである。

こちらは筆者はまだ利用した経験はないが，利用した方に聞くとやはり便利だということである。

以上，２つの事例を紹介したが，日本においても，アマゾンゴーと同様のサービスがすでに開始されているのである。

2　オンラインとオフラインの融合による新たな店舗形態

現在の日本では，Ｅコマースなどのオンラインショップと実際の店舗では共存するのではなく，競合関係にあるように捉えられている。筆者が好きなブランド物は，百貨店や路面店などの実際の店舗で試着してサイズ的にフィットするかどうかを確認した上で，Ｅコマースなどのオンラインショップで購入するという購買スタイルが浸透してしまっている。そのため，百貨店や路面店のお店の方々は，下見だけで購入する気がない客が多くなって困っているということをよく耳にする。

このように現在の日本では，オンラインとオフライン（リアル店舗）は敵対関係にあるかのようなイメージを持ちがちである。しかし，アマゾンが開始したリアル店舗であるアマゾンブックスは，オンラインとオフライン（リアル店舗）を融合させた画期的なサービスを提供しているという。そこで，アマゾンブックスの事例を，こちらも，奥谷孝司，岩井琢磨(2018)『世界最先端のマーケティング』（日経 BP）から引用し説明する。

アマゾンブックスは文字どおり，アマゾンが展開するオフライン（リアル店舗）のブックストアである。その品揃えは，アマゾンでの人気ランキングやレビューといった「オンラインでの情報」を活用している。店内の書籍は，ほぼすべて表紙が見えるように面置きされており，顧客から背表紙しか見えない陳列はほとんどない。面置きが原則になっている分，店内に在庫として持てる商品数は限られるが，他社にはないオンライン情報によって絞り込まれた本との出会いを提供し，顧客を引き付けている。

各商品の前に掲げられた黒いタブには，アマゾンのオンラインショップに掲載されているレビューなどが表示されているが，価格はどこにも表示されていない。代わりに商品コードが記載されており，顧客はスマートフォンでアマゾンアプリを立ち上げてコードをスキャンし，オンラインでレビューや価格情報を確認して選択する。もちろんそのままオンラインで購入してもかまわないが，選択した商品は，店舗内のレジカウンターで購入し持ち帰ることができるので，その点は通常の店舗と変わらない。

店頭でアマゾンのネットショップにアクセスすると，購買履歴に応じたレコメンドも表示されるので，その情報をもとにアマゾンブックス店内を探索することもできる。また価格は，プライム会員の場合と，通常会員の場合とが比較表示される。プライム会員はオフライン（店舗）であっても，オンラインと同じ優待価格で購入できるのである。

その圧倒的な価格差を見れば，たとえアマゾンでネットショッピングをしていなかった顧客でも，プライム会員になっておこうという強いモチベーションが生まれるだろうし，プライム会員は会員であることの優越感・満足感を得るだろう。まさにオンラインで顧客とのつながりをつくり，さらに強めようとする取り組みである。

以上，奥谷，岩井（2018）を引用して，アマゾンブックスを説明した。こちらを読んだ方は，アマゾンブックスは，今後，日本での生活を一変させるだろうと予想されるほどのサービスではないのではないか，という疑問をもった方もいると思う。このような普通のリアル店舗の本屋はすでにあるのではないか，と感じた方も多いと思う。だが，筆者がここであえてアマゾンブックスを取り上げたのには理由がある。それはチャネルシフトという概念である。詳しくは後で説明するが，アマゾンブックスは従来型の本屋にはなかった画期的な店舗なのである。それは，リアル店舗の良さとネット上のオンラインショップの良さを融合したタイプのリアル店舗なのである。従来の本屋は，リアル店舗はリアルだけ，オンラインショップはオンラインだけという両極端な形であった。それがリアルとオンラインの融合ができているのがアマゾンブックスなのである。例えば，オンラインではレコメンドやレビューは見られるが，実際の本の中身は見ることができない。それがリアル店舗では中身が見られるのである。また，リアル店舗であるのに，顧客はスマートフォンでアマゾンアプリを立ち上げてコードをスキャンし，オンラインでレビューを確認することもできるのである。オンラインとリアル店舗（オフライン）のいいとこ取りをしているのがアマゾンブックスなのである。そういう意味で，今後，生活を一変させるだろうと予想されるサービスと考え，ここで取り上げたのである。

3　2つのサービスに共通の優位性の源泉

「レジのないコンビニエンスストア」と「オンラインとオフラインの融合による新たな店舗形態」の２つに共通する優位性の源泉を説明するために，奥谷，岩井（2018）が示した「チャネルシフトのマトリックス」を紹介する。

チャネルシフトのマトリックスは，企業が顧客とのつながりを活かして，オンラインとオフラインの壁をどのように越えようとしているのかを可視化するものである。

以下が，チャネルシフト・マトリックスを図示したものである。

横軸は，顧客が「選択をおこなう場」を指す。顧客が情報を探索し，購入する商品を選択する場が，オンラインにあるのか，オフラインにあるのかで分けている。

縦軸は，顧客が「購入をおこなう場」を指す。顧客が商品の購入を完了する場が，オンラインにあるのか，オフラインにあるのかで分けている。

このマトリックスを，「チャネルシフト・マトリックス」を呼ぶ。

チャネルシフト・マトリックス１

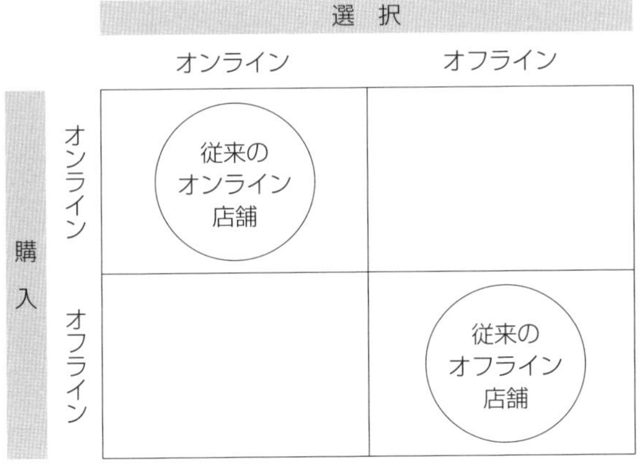

（出所） 奥谷孝司・岩井琢磨（2018）『世界最先端のマーケティング』日経 BP

では，上図の解説をしよう。従来のオンライン店舗は，選択も購入もすべてオンラインで完結するのだから，「オンライン×オンライン」で左上の象限に位置する。従来のオフライン店舗は，双方をオフラインで完結させているので，「オフライン×オフライン」であり右下の象限に位置する。

つまりこれまでの「オンライン店舗 vs オフライン店舗」という構図は，左上と右下の対抗軸での議論であったということになる（奥谷，岩井，2018）。

これに対して，先に説明した「レジのないコンビニエンスストア」と「オンラインとオフラインの融合による新たな店舗形態」は，チャネルシフト・マトリックスのどこに位置するのだろうか？ 「レジのないコンビニエンスストア」としてアマゾンゴーを，「オンラインとオフラインの融合による新たな店舗形態」としてアマゾンブックスを取り上げ，プロットすると，以下のようになる。

(チャネルシフト・マトリックス2)

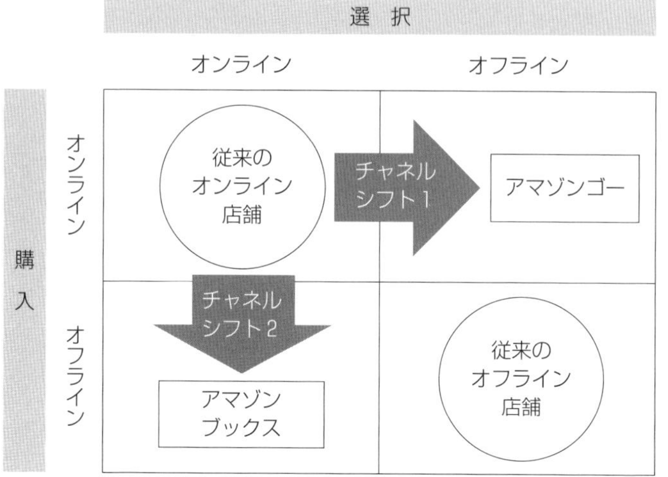

（出所） 奥谷孝司・岩井琢磨（2018）『世界最先端のマーケティング』日経BP

アマゾンゴーは，商品選択はリアル店舗でおこなうので，オフラインで選択をおこなうことになる。では，購入に関してはどうだろうか。ピックアップした商品は，店内に設置されたセンサーなどを通じて認識され，顧客が店を出るとオンラインのアカウントで決済される仕組みになっている。ということはオンラインで購入していることになる。これは，従来型のチャネルである「オンライン×オンライン」から「オフライン×オンライン」という新たなチャネルにシフトしたことがわかる（図のチャネルシフト1）。

アマゾンブックスは，先に説明したとおり，顧客はスマートフォンでアマゾンアプリを立ち上げてコードをスキャンし，オンラインでレビューや価格情報を確認して商品を選択する。ということは選択はオンラインということである。購入は店内のレジカウンターでおこなうので，こちらはオフラインということになる。これは，従来型のチャネルである「オンライン×オンライン」から「オンライン×オフライン」という新たなチャネルにシフトしたことがわかる（図のチャネルシフト2）。

以上からわかるが，アマゾンゴー，アマゾンブックスともに，従来にはなかった新たなチャネルを開拓していることがわかる。チャネルシフトを起こしているのである。このチャネルシフトを起こしているというのが，両サービスに共通する優位性の源泉なのである。

ここで話をまとめてみよう。以下の図を見ていただきたい。

従来のチャネル戦略というと，オンライン店舗 vs オフライン店舗（リアル店舗）という構図だけであった。アマゾンゴーやアマゾンブックスは，従来型のチャネルではなく，上図のチャネルシフト1，チャネルシフト2というオンラインとオフライン（リアル）の融合を試みているのである。このオンラインとオフライン（リアル）の融合というのは，今後のチャネルのあり方の基本的な形になることが予想される。ITの進歩によって，オンラインでの選択や購入が一般的になるが，そういう時代だからこそ，オフラインのリアル店舗を持つことが大きな差別化要因になるのである。

チャネルシフト・マトリックス3

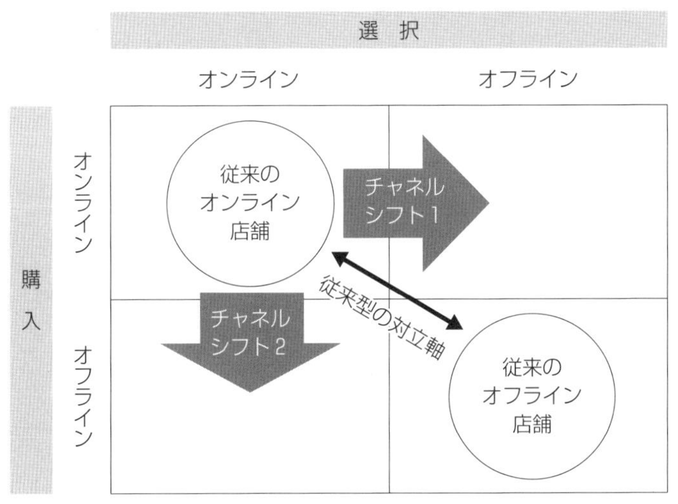

（出所） 奥谷孝司・岩井琢磨（2018）『世界最先端のマーケティング』日経BP

今後のチャネルシフトの動向を観察していくと，おそらくであるが，オンラインが一般的になりながらも，オフラインのリアル店舗をどう位置づけて活用するかが，競争優位を左右すると筆者は予想している。

なお，本問題の解答であるが，筆者はチャネルシフトという概念を読者の皆さんに紹介したくて，「レジのないコンビニエンスストア」と「オンラインとオフラインの融合による新たな店舗形態」を取り上げ，アマゾンゴーやアマゾンブックスなどを例示した。このチャネルシフトを紹介した理由は，先に説明したとおり，京都大学経営管理大学院で出題されているからであり，また産業構造の大きな転換点にある現在において非常に重要な概念だからである。よって，今回の問題の解答にあたっては，ここで説明した事例にこだわる必要なない。Web 上のサービスで，従来の生活を一変したものであれば，何でもかまわない。例えば，家庭の不用品をいつでも販売できるようにしたメルカリ，一般の人になじみのなかったオークションというものを誰でも出品も落札も参加できるようにしたヤフーオークション，ネット上で多くの人とつながってコミュニケーションを楽しめるようになったSNSなど，何を解答しても問題はない。ご自身が解答しやすいネタで解答していただければ問題はないのである。この点はご了承いただきたい。

第４問：ネットワーク外部性

（設問１）

ネットワーク外部性とは何か？　説明しなさい。

（設問２）

ネットワーク外部性が機能する商品・サービスは，先行者が有利だといわれているが，その理由を具体的な事例を示しながら説明しなさい。

（字数：合計で900字程度，制限時間：60分）

解答例

（設問１）

ネットワーク外部性とは，製品やサービスの利用者が増えることで，その製品やサービスのメリットや価値，利便性などが利用者に還元される性質や現象のことである。

（設問２）

ネットワーク外部性が機能する商品・サービスに関して，先行者が有利といわれる理由は，利用者数の多さが優位性の源泉であるため，最初に事業やサービスを開始した企業が有利になるからである。事例としては電話である。世界に１台しか電話がないとしたら，遠くにいる人と会話ができる，という電話の持つ機能はまったく意味を持たない。電話が２台に増えたとすると，電話の価値自体が向上し，もう１つの電話を持っている人との会話ができる。さらに，３台，４台，そして数万台，数百万台，数億台とどんどん数が増えていって誰もが電話を持つようになると，電話で誰とでも話すことができるようになるので，電話の価値は飛躍的に向上する。最近ではメールやSNSの普及で，利用者は減少しているが，ファックスも同様でファックスを持っている人が増えれば増えるほど価値が上がる商品である。

もう１つの事例は，SNSである。SNSサービスの多くは無料で利用でき，登録すれば誰でも使用可能である。例えば，Facebookに登録したとしても，仮に他にユーザーが１人もいなかったとしたら，意味のあるサービスにはならない。SNSというのは，自分を発信して人から「いいね」をもらうことで自分の承認欲求を満たすことが目的という方は多いと思われる。誰もFacebookに登録していなければ，この承認欲求を満たすことはできないので意味がない。しかし，多数のユーザーがFacebookに登録し，日々更新して頻繁に活用するようになると，情報の収集も可能となり，さらにユーザー数が増えていくにつれて，収集できる情報の量も質もどんどん上がっていく。同時に，多くの人が閲覧して，多くの人から「いいね」をもらうことができれば，それだけ承認欲求が満たされる。このような良循環によって，Facebook のサービスの価値は高まるのである。

解説

ネットワーク外部性に関しては，直接小論文で出題されているのは東京都立大学大学院経営学研究科だけである。他の大学院では直接問われたことはない。では，なぜここであえて取り上げたのか。その理由は，GAFA（Google，Apple，Facebook，Amazon）と呼ばれる IT 系企業の成功要因を説明するのが，このネットワーク外部性という概念であるからである。このネットワーク外部性を知っておくことは，IT，IoT 時代の企業の優位性を説明する上では欠かせないことだと考えたからである。

インターネットを利用したサービスの多くがネットワーク外部性を利用したもので，圧倒的に先行者が有利である。そのため，今後，国内 MBA の小論文の解答を作成するにあたっては，このネットワーク外部性を知っておくことは，大きな武器となる。そのことを読者の皆さんに伝えたかったので，過去に直接出題されたことは少ないのに，ここで取り上げることにした。では，以下，詳しく説明していく。

本設問にもあるとおり，「先行者」であることが競争上有利となる場合はいくつかある。まずここでは，先行者が有利となる理由を，さまざまな視点から考えてみる。先行者が有利といわれる理由として，ここでは以下の 4 つを説明する。

① 経験効果

② ロケーション

③ タイミング

④ ネットワーク外部性

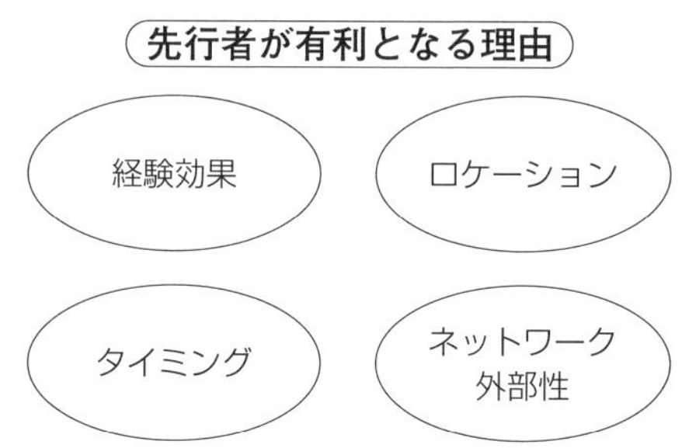

（出所） 筆者作成

1 先行者が有利な理由

1－1 経験効果

まず，経験効果からである。この経験効果は，先行者であると，コスト上有利になるということを意味する。経験効果は，ある製品の製造を継続するにつれ，製品1個当たりのコストが下がっていくという現象に着目したもので，このコスト低下をグラフ化したものを経験曲線と呼ぶ。すでに第二次世界大戦中から，航空機の組立作業において生産性の向上などの分析から，学習曲線（ラーニングカーブ）という理論が出されていた。これは，1つのモデルを組み立て始めてから累積の組み立て機数が倍になるごとに，数十％ずつ生産性が上がっていくという観察結果を説明するものである。

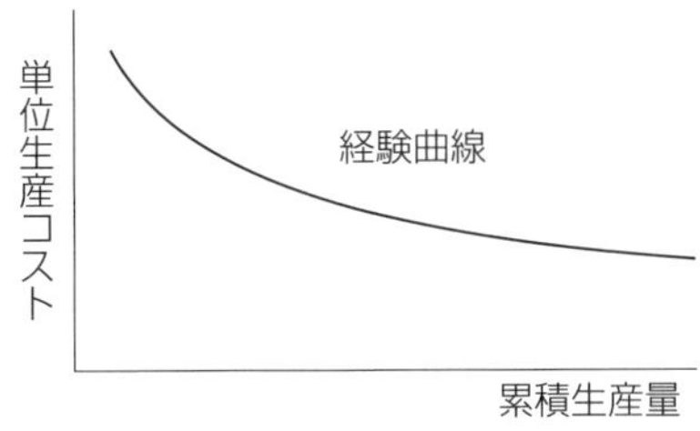

（出所） 筆者作成

ボストン・コンサルティング・グループ（BCG）は，組立作業の生産性だけでなく，販売，マーケティングなど企業の付加価値活動のあらゆるコストに関し，経験が効いてコストが低減していくと主張した。そして，実際に数千にもおよぶ製品を分析し，それを実証したのである。実質コストは，業界によって異なるが，累計生産量が２倍になるごとに20～30％ずつ低下する。競争がある限り，市場価格もコストの低下につれて同様に下降パターンをたどる。そのため，経験効果が機能している企業の製品は価格が安くなり他社との価格競争に勝利することができる。この勝利の方程式は，累計生産量が最も多い先行者が最も恩恵を受けるのである。

経験効果が効く理由についてはさまざまな議論がおこなわれているが，労働者の習熟のみならず，企業としての継続的な業務改善，設備改良，技術進歩などあらゆる要素が働いていると考えられる。

1－2　ロケーション

企業の物理的な立地が，その企業の優位性を決める重要な要因である場合には，先行者が有利になる。土地というのは唯一無二の経営資源である。その場所のその土地をいち早く先行して手に入れたならば，それだけで優位性が築けるのである。

皆さんの身近な事例としては，駅ビルのアトレがある。アトレは，総合演出型の駅ビル・駅ナカ商業施設事業である。東京都心など首都圏の駅で店舗展開し，2020年９月現在，25店舗を運営する。筆者もアトレ恵比寿店７階に入店している「Peek-A-Boo アヴェダ恵比寿店」に通っているので，アトレの優位性は実感している。駅直結という JR ならではの土地を持っているからできる商業施設である。駅という立地を他の商業施設が入手したいと考えても無理である。いち早く，その土地を手に入れた先行者が有利なのである。ロケーションによる優位性というのは，他の企業が簡単に模倣することができないので，模倣困難な差別化だといわれている。ただ，現在はIT 化やコロナ禍によるＥコマースの隆盛で，必ずしもロケーションの優位性が永続するとはいえなくなってきている。

１－３　タイミング

より早い時期に市場に参入すること（先行者であること）が，差別化を図る助けになる場合もある。これは市場参入時期に関することなので，タイミングと呼んでいる。

事例として，大学をあげる。アメリカや日本をはじめ世界中の国々で，「先行者であること」が大学教育の質に関する認知的差異を生み出す要因になっている。アメリカでは，ハーバード大学やエール大学など，日本では東京大学や京都大学など，同国の歴史上最も早い時期に設立された少数の大学は，より時代が下がって設立された大学よりも，プレステージが高いと認識されている。イギリスでも，オックスフォードやケンブリッジといった最古の大学は，より最近に出来た大学よりも優れていると広く認識されている。大学の設立年月が教育の質に本当に影響を与えるかどうかとは関係なく，あくまでも設立年月と教育の質に因果関係があると認知されている限り，「早い時期に設立されている（先行者である）」という事実は，タイミングに基づく差別化の源泉として機能するのである（バーニー，2003）。タイミングも先のロケーションと同じで，他社が模倣することはほぼできない。大学の例では，時代をさかのぼって新たな大学を設立することは不可能である。時間は戻せない。そのためタイミングも模倣困難な差別化の源泉といわれている。実際のところ，日本の大学の東大，京大，早稲田，慶應などのブランド力はゆるぎない地位を築いている。タイミングは差別化に永続性を与える強力な要因なのである。

1－4　ネットワーク外部性

ここからが本設問の解答であるネットワーク外部性に関する説明である。ネットワーク外部性が機能する商品も先行者であることが大きな優位性を生み出すといわれているが，それがどういうことか以下で説明していく。

商品というのは，稀少性が高いほど，価値が高くなる傾向がある。例えば，これまで説明してきた「ロケーション」や「タイミング」が該当する。駅前の稀少な立地に位置しているからみんなが便利に利用できることに価値があるというのがロケーションの優位性である。タイミングも，早い時期に開講された大学であるという稀少性がブランド力を高めていて，そのブランド力が優位性である。このような商品にしろ，サービスにしろ稀少性が高いほど価値があるというのが一般的な話である。最もわかりやすい例が，ルイ・ヴィトンやエルメスなどのブランド品のバッグである。誰もが持っていたら価値はなくなってしまう。稀少性こそが優位性の源泉である。

しかし，利用者が増えれば増えるほど価値が高くなるものがある。それがネットワーク外部性という概念である。

ネットワーク外部性とは，製品やサービスの利用者が増えることで，その製品やサービスのメリットや価値，利便性などが利用者に還元される性質や現象のことである。一番わかりやすい事例は電話である。世界に１台しか電話がないとしたら，遠くにいる人と会話ができる，という電話の持つ機能はまったく意味を持たない。電話が２台に増えたとすると，電話の価値自体が向上し，もう１つの電話を持っている人との会話ができる。さらに，３台，４台，そして数万台，数百万台，数億台とどんどん数が増えていって誰もが電話を持つようになると，電話で誰とでも話すことができるようになるので，電話の価値は飛躍的に向上する。最近ではメールやSNSの普及で，利用者は減少しているが，ファックスも同様でファックスを持っている人が増えれば増えるほど価値が上がる商品である。

電話やファックスはあまり使わないという方は，SNSのことをイメージしていただきたい。SNSサービスの多くは無料で利用でき，登録すれば誰でも使用可能である。例えば，Facebookに登録したとしても，仮に他にユーザーが1人もいなかったとしたら，意味のあるサービスにはならない。SNSというのは，自分を発信して人から「いいね」をもらうことで自分の承認欲求を満たすことが目的という方は多いと思われる。誰もFacebookに登録していなければ，この承認欲求を満たすことはできないので意味がない。しかし，多数のユーザーがFacebookに登録し，日々更新して頻繁に活用するようになると，情報の収集も可能となり，さらにユーザー数が増えていくにつれて，収集できる情報の量も質もどんどん上がっていく。同時に，多くの人が閲覧して，多くの人から「いいね」をもらうことができれば，それだけ承認欲求が満たされる。このような良循環によって，Facebookのサービスの価値は高まる。

電話にしろ，ファックスにしろ，SNSにしろ，所有（利用）している人の数が多ければ多いほど，その製品・サービスの価値が上がるのである。これがネットワーク外部性である。わかりやすくいえば，誰もが使っている「多数派」に属していることに価値があるのである。多数派に属することに価値があるとすると，最初に商品を売り出した企業やサービスを開始した企業が有利である。なぜなら，最初に始めたということは，他にライバルは存在しないので，何もしなくても多数派を獲得できるのである。ある程度の期間が経過した段階で，ライバル企業が現れたとしても，その時点では先発企業は圧倒的な多数派に支持されているので，ライバル企業の挑戦を無力化できてしまうのである。

ネットワーク外部性の強い商品・サービスの場合，①先行者優位がきわめて強く働き，しかも，②いったん先行者優位が作用し始めると，その後の競争では，「自動的」に勝てるようになり，③後発者が頑張って良い商品・サービスを作ってきても優位性が揺らぎにくい。ワンショットでの先手が決定的に重要であり，それだけでその後の勝負がほぼ決するのである（沼上，2009）。

本設問は，ネットワーク外部性が機能する商品・サービスの事例を説明する必要があるので，もう1つ筆者がよく利用するヤフーオークション（以下，ヤフオク）をもとに説明する。

ヤフオクは，不要になったものをオークション形式で出品して，最も高い価格をつけた人が落札するサービスである。筆者はヤフオクにファッション関係の衣料，アクセサリー，シューズ，バッグなどを頻繁に出品している。プレミアムな価値がある商品は，中古でダメージがあるのに，定価と同じくらいの価格で売れる場合もあり，衣装タンスの整理に非常に役立っている。このヤフオクも参加者が多いから出品者や落札者がいて，どんどん値が上がっていき，高額で落札されるということが起きる。これがヤフオク参加者が3名程度であったらオークションは成立しない。参加者が多ければ多いほど，オークションが盛り上がり，オークションが盛り上がると，さらに参加者が増えるという良循環を形成する。典型的なネットワーク外部性が機能するサービスである。このネットワーク外部性は先行者が有利というのは，このヤフオクの事例で理解できる。米国で，個人が不要になったものを出品するネットオークションを提供している会社がイーベイである。イーベイは米国で先行者として成功した。その実績を引っさげて日本にも参入を試みたが，日本ではすでにヤフオクが先行者として参加者を獲得していたので，結局，イーベイは日本市場から撤退してしまった。米国で成功したイーベイでも日本の先行者であるヤフオクには勝てなかったのである。これがネットワーク外部性が機能する商品・サービスの大きな特徴である。

2　ネットワーク外部性が機能する場合の優位性は永続するのか？

ネットワーク外部性が機能する場合は先行者有利であるということは理解していただけたと思うが，そう考えると，ネットワーク外部性が機能する場合，先行者ではない，２番手以下のチャレンジャー企業が先行者であるリーダー企業に勝つことは絶対にできないのか，という疑問が沸いてくる。永遠に先行者が勝ち続けるということになるのか？　この点に関して，最後に説明する。

ネットワーク外部性の比重が高い商品・サービスの場合，すでに大きな市場シェアを持つ先行者であるリーダー企業の地位は圧倒的に強力である。例えば，先に説明した「ヤフオク」，オークションではないが同じく不要になった商品を売る「メルカリ」など，ネットワーク外部性の高い業界でリーダーになっている企業は参加者が最も多く，その魅力からさらに参加者が増えるという良循環を形成しているので，２番手以下のチャレンジャー企業がさまざまな手を打って攻めてきたとしても，先行者であるリーダー企業の地位は安泰である。そのため，ネットワーク外部性が機能している商品・サービスにおいて，２番手以下のチャレンジャー企業が差別化戦略を仕掛けてきても，先行者であるリーダーに勝つことはできないのである。

しかし，まったく手がないわけではない。以下，沼上（2009）を引用しながら説明する。

同一カテゴリー内には敵が存在しないリーダー企業も，カテゴリーを変えるような規格には脆弱である可能性がある。例えば，新しい製品・サービスのカテゴリーをチャレンジャー企業が創出し，その領域で先手を取ることができれば，リーダー企業の地位を奪うことは不可能ではない。もちろんリーダーもそのような競合品が出現することを予想しようと努力するだろうから，リーダーと同じ発想法では，リーダーが対応できないような

「カテゴリーの変更」は達成できない。そのため，この種の領域では，既存の２番手，３番手企業が市場シェア逆転を達成するというよりも外部の新規参入者が既存の業界リーダーに勝利するというのが多くなるように思われる。

例えば，携帯音楽プレイヤーの世界では，外部者のアップル社が「iPod」によって，既存業界のリーダーの「ソニー・ウォークマン」に対して優位な競争を展開してきている。この事例などは，それまでの既存プレイヤーとは違うところから脅威が出現した典型であろう。ネットワーク外部性の高い業界では，このように「新規格の創出」という形ならば，既存の先行者であるリーダー企業の優位性を無力化することができるのである（沼上，2009）。

第5章

アカデミックな経営理論に関する知識が必要な問題

本章では，アカデミックな経営理論に関する知識が必要な問題として，以下の４つの問題を出題する。

第１問：ソーシャルネットワーク理論
第２問：エージェンシー理論
第３問：内発的動機付け理論と目標設定理論
第４問：官僚制とリーダーシップ理論

本章で取り上げる問題は，経営理論に関するものであるため，第１章で説明したとおり，基本的には，アカデミックな知識が必要な問題が出題される京都大学経営管理大学院，東京都立大学大学院経営学研究科の２校を受験する方が対象である。この２校を受験する方は必ず読んでいただきたいが，この２校以外を受験する方にもお読みいただきたい。というのは，問題自体はアカデミックな出題となっているが，解説部分はアカデミックなことを実務等で利用可能なように，わかりやすくかつ実用的な説明にしたつもりだからである。そのため，上記２校以外の大学院の出題においても，背景知識として，ここで説明したことを知っておくと，実際の小論文の解答として使えるネタになる可能性があるのである。また，国内 MBA 受験で最も大切だといわれている研究計画書作成上のテーマ設定において，ここで説明する経営理論が役立つ可能性もある。実際，ここで説明している「内発的動機付け理論」や「エージェンシー理論」を用いて研究テーマを設定した受験生は多くいる。そういう意味で，すべての国内 MBA 受験生に読んでいただきたいと思っている。

第1問：ソーシャルネットワーク理論

ソーシャルネットワーク理論の構造的隙間（structural hole）理論について説明しなさい。その上で，構造的隙間を利用したビジネスの事例をあげ，構造的隙間を持つことのメリット，デメリットについて述べなさい。
（字数：1,000字程度，制限時間：60分）

解答例

構造的隙間理論とは，ソーシャルネットワーク上で，つながりを持たないプレイヤー同士の媒介となり，それを活かして情報的な面で優位に立つことで生まれるメリットについて論じた理論である。

例えば，Ａ，Ｂ，Ｃの３人がいるとする。ＡとＣは知り合いで，ＢとＣも知り合いだとする。ただ，ＡとＢは知り合いではない。この状況で，３人の間のネットワーク上における情報伝達で，一番得をする人は誰か。答えは，Ｃである。なぜなら，ＣはＡとＢの間をつなぐ唯一の人だからだ。Ｃを経由することなく，ＡとＢがつながることはないのである。このような状況下にある場合，Ｃは，情報伝播をコントロールできるという点で，ＡやＢよりも優位になる。

以下，具体的に説明する。ＣはＡの情報もＢの情報も入手できる。しかし，ＡはＢの情報を直接入手できない。ＢもＡの情報を直接入手できない。Ｃを通してでしか，ＡはＢの情報を，ＢはＡの情報を入手できない。そこで，Ｃは自身の持つ情報の優位性を活かして，ＡとＢをコントロールするのである。このように情報をコントロールできる立場にあるＣはネットワーク全体をコントロールできるのである。

構造的隙間を利用したビジネスの事例として，不動産の仲介や売買をあげる。借主と貸主，売主と買主との間に構造的隙間がある。借主と貸主が直接つながることはできないし，売主と買主も直接つながることもできない。その結節点である不動産仲介業が両者をつないでブローカーとして商売しているのである。他には転職エージェントも同様である。求職者と企業との間に構造的隙間があり，その結節点である転職エージェントが両者をつないでいるのである。

構造的隙間を持つことのメリットは，上記で述べたとおり，情報の優位性を活かして，商売をして売上や利益を上げることができる点である。

デメリットは，情報の優位性を持つがゆえに，虚偽の情報を流してしまう可能性も高まり，それによって信頼を失ってしまうことである。例えば，先にあげた転職エージェントにおいて，求職者に紹介する企業に問題があったとする（例えば，ブラック企業）。しかし，この事実を求職者には伝えずに，求職者は，その企業に就職してしまったとする。その場合，就職後に求職者がその企業の問題点を知り，辞めてしまうことがある。これが起きると，その転職エージェントは，その求職者からはもう信頼されなくなってしまう。

解説

ソーシャルネットワーク理論は，東京都立大学大学院経営学研究科で出題されている。東京都立大学で出題されているので，京都大学経営管理大学院などでも今後出題が予想される。また，今回の問題のように，構造的隙間のような専門用語が問われることはないかもしれないが，ソーシャルネットワーク理論は，イノベーションの源泉となる理論であるため，国内MBAの小論文試験で知っておくと有利になる場合も多くあると考えられる。そういった意味で，ソーシャルネットワーク理論は国内MBA受験生全員が知っておくといいと思われる。基本的な知識をわかりやすく説明するので，ぜひお読みいただき，知識を頭に入れておいていただきたい。

1　構造的隙間とは？

ソーシャルネットワーク理論に関しては，経営学や組織論などの本を読んでもあまり取り上げているものはない。ソーシャルネットワーク理論に関して，丁寧に説明している書籍として，筆者が見つけたのが，入山章栄(2019)『世界標準の経営理論』（ダイヤモンド社）である。

ということで，ここでは入山（2019）を参考に，構造的隙間（structural

hole）理論を説明する。以下の図のようにA，B，Cの３人の人がいるとする。AとCは知り合いで，BとCも知り合いだとする。ただ，AとBは知り合いではない。

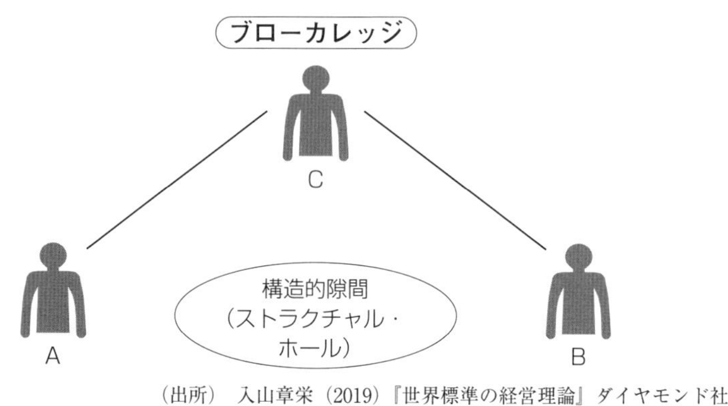

（出所） 入山章栄（2019）『世界標準の経営理論』ダイヤモンド社

この状況で，３人の間のネットワーク上における情報伝達で，一番得をする人は誰か，ということを考えていただきたい。答えは，Cである。なぜなら，CはAとBの間をつなぐ唯一の人だからだ。Cを経由することなく，AとBがつながることはないのである。このような状況下にある場合，Cは，以下の２つの点においてAやBよりも優位になる。

① 情報の優位性

Cは唯一AとBにアクセスできるので，AとBの両者が発信する情報を手に入れることができる。AがBの情報を入手するにはCを経由する以外に方法はなく，BがAの情報を入手するにもCを経由する以外に方法がないのである。このようにCは情報の入手という点でAとBよりも優位な立場にいるのである。

② コントロールの優位性

Cはネットワーク全体の情報伝播をコントロールできる。AにとってBと接点を持つことは自身にとって必要だと思っているとする。BもまたA

と接点を持つことは自身にとって必要だと思っているとする。しかし，AにはBの考えがわからないし，BもAの考えはわからない。AとB，双方の考えを理解しているのは，Cだけである。そこで，Cは自身の持つ情報の優位性を活かして，AとBを結びつける形で何かビジネスを仕掛けることができるのである。このように情報をコントロールできる立場にあるCはネットワークをコントロールできるのである。

この事例のように，ソーシャルネットワーク上で，つながりを持たないプレイヤー同士の媒介となり，それを活かして優位に立つことをブローカレッジと呼んでいる。このブローカレッジが成立するのは，AとBがつながっていないからであり，AとBの間に隙間があるということで，この隙間のことを構造的隙間（ストラクチャル・ホール）と呼んでいるのである。

この構造的隙間を上記の3人という小さな範囲ではなく，大人数に拡張したのが以下の図である。こちらも入山（2019）を参考に説明する。この図で，構造的隙間を最も多く持つのは，明らかにDになる。

ソーシャルネットワーク上のストラクチャル・ホール

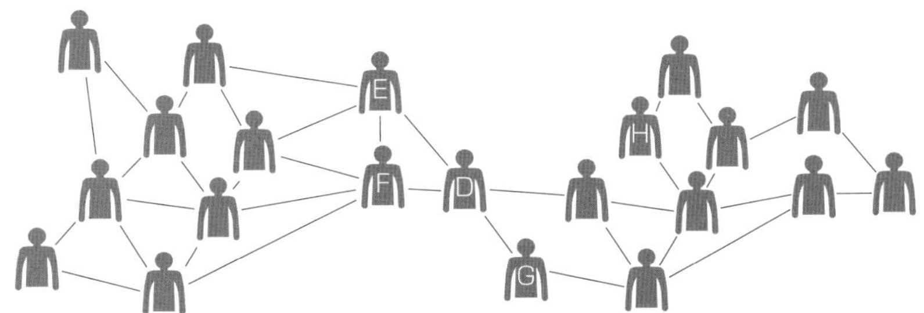

（出所）　入山章栄（2019）『世界標準の経営理論』ダイヤモンド社

図を見ると，Dをはさんで右側の人たちは密につながっている。同様にDをはさんで左側の人たちも密につながっている。ただ，Dには先に説明した構造的隙間がある。ＦとＧはＤを介さなければ接触を持つことはない。Ｄが左右のクラスターをつなぐ唯一の結節点になっているのである。

2　構造的隙間を利用したビジネスの事例

入山（2019）が指摘しているとおり，構造的隙間は商売の基本である。例えば，不動産の仲介や売買は，構造的隙間で商売をしている典型である。借主と貸主，売主と買主との間に構造的隙間があり，その結節点である不動産仲介業が両者をつないでブローカーとして商売しているのである。

他にも転職エージェントも同様である。求職者と企業との間に構造的隙間があり，その結節点である転職エージェントが両者をつないでいるのである。

という形で，構造的隙間を利用したビジネスは，考えればどんどん思いつくと思われる。皆さんの所属する企業や仕事をベースに考えれば問題はない。

ここでは，筆者がおこなっている国内MBA受験予備校について説明して，予備校業界が，どのような形で利益を得ているかを皆さんに伝えようと思う。

国内MBA受験予備校の構造的隙間を説明するには，登場人物として，受験生と国内MBA大学院がある。以下の図のとおりである。

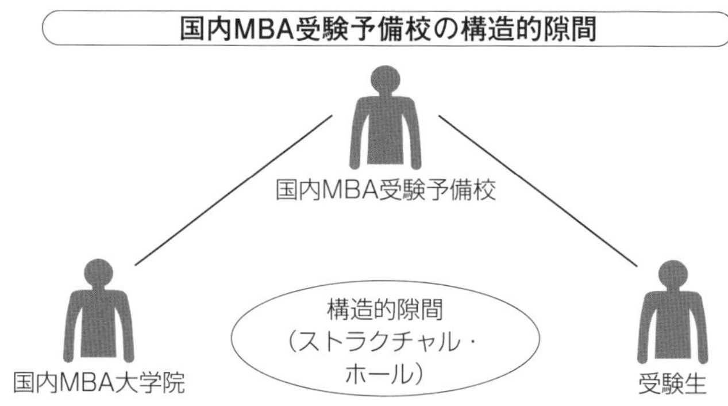

（出所）　筆者作成

国内 MBA 大学院と受験生はつながっていないかというとオープンキャンパスなどで接する機会はあるので，完全につながっていないわけではない。ただ，受験生が受験に関して，大学院側に相談したりすることはできない。よって，大学院と受験生の間には構造的隙間がある。この隙間を利用してブローカレッジでビジネスをしているのが予備校である。なので，受験生は予備校を利用して，大学院受験に関して相談したり，受験を有利に進めるための情報を得たりしているのである。大学院側も予備校が情報提供や宣伝をおこなってくれるので，自らが積極的に情報発信する必要もなくそれほど労力を要することなく学生を集めることができる。

このように予備校がブローカレッジでビジネスをおこなうことによって，業界がうまくバランスしているのである。

筆者は現在はアガルートアカデミーで動画配信の講師をしているが，アガルートアカデミーに参加する前は，国内 MBA 受験専門予備校ウインドミル・エデュケイションズ株式会社という会社を経営していた。その時は，受験生と国内 MBA 大学院というつながりのない２者の結節点として機能していたと心から感じている。受験生からは受験に関する相談や指導を求められ，国内 MBA 大学院からは，パンフレットを受験生に渡すようにお願いされたり，受験生の消費者行動に関する相談，例えば，受験生は何を基準に国内 MBA 大学院選びをするのか，という点に関する相談を受けてきた。

国内 MBA 受験専門予備校ウインドミル・エデュケイションズ株式会社は，まさにブローカレッジで得をしていた企業なのであった。

3　構造的隙間を持つことのメリット，デメリット

最後に，構造的隙間を持つことのメリット，デメリットについて説明する。

メリットの１つ目は，これまでの説明でおわかりのとおり，構造的隙間を持つことで，企業や個人として儲かる（売上や利益が上がる）というこ

とである。これは当然であるので説明不要であろう。

2つ目は，イノベーションを起こすことができることである。入山(2019) を引用して，この点を説明する。イノベーションの源泉の1つは，「既存知と既存知の新しい組み合わせ」にある。ジョセフ・シュンペーターが新結合と名づけて提示して以来，経営学ではイノベーションの基本原理の1つになっている考え方である。そして，「知と知の組み合わせに，構造的隙間の豊かな（ブローカーの）位置が向いている」ことはいうまでもない。構造的隙間の位置に入れば，そこにはネットワーク全体からの情報が，効率的に豊富に入ってくるからだ。結果として，新しい知と知の組み合わせが試せて，創造性が高まるのである。以上，入山 (2019) から引用したが，構造的隙間が新たな知の創造に貢献しイノベーションの源泉になることがおわかりいただけたと思う。

ここでも筆者の経験から構造的隙間と創造性，そしてイノベーションとまではいかないが新規事業の関係について説明したいと思う。

筆者は，国内 MBA 受験予備校の講師以外にもいろいろな会社を経営している。その1つが美容室である。この美容室を経営するきっかけになったことを説明する理論が，今回説明している構造的隙間である。筆者が構造的隙間が豊富な位置にいたから美容室の経営をすることになったのである。以下の図（再掲）を見ていただきたい。

ソーシャルネットワーク上のストラクチャル・ホール

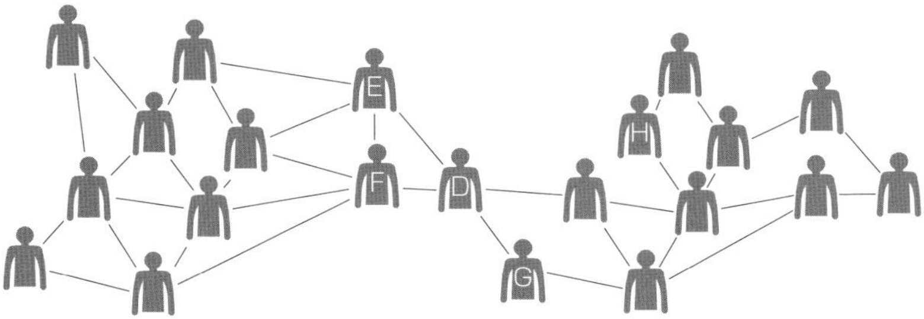

（出所） 入山章栄 (2019)『世界標準の経営理論』ダイヤモンド社

筆者はファッションとかヘアメイクなどに興味があるので，美容関係者やファッション業界の方々と仲良くしている。そのクラスターが右側である。同時に，国内MBA修了者として，予備校講師をしたり，MBA関連書籍を執筆したり，企業研修の講師をしたりしているため，MBA関係のビジネスマンとも仲良くしている。そのクラスターが左側である。美容関係者やファッション業界の方が，直接MBA関係のビジネスマンの方とつながりを持つ機会はほぼない。要するに，筆者はその間に立ってブローカレッジを発揮できるのである。構造的隙間があるから，筆者を通さずには両者はつながることができないのである。

そんな状況でブローカレッジを発揮して，カット技術の高い美容師と経営経験が豊富なビジネスマンを結びつけて，カット技術だけでなく経営的な面もしっかりした美容室を立ち上げたのである。一般的に美容室の経営がうまくいかない理由は，カットやカラーの技術力が低いからではなく，経営スキルを持った人材がいないことに起因する場合が多い。オープンして間もない固定客がいない中で，いきなり大規模な店舗を出店して，従業員を社員として雇用してしまい，固定費負担が増えて倒産するケースが多い。これはしっかりした財務計画を立てて，固定費と変動費の管理をしていれば回避できることである。その管理をしっかりおこなっているため，2016年にオープンして，コロナ禍もなんとか乗り越え，現在も調子よく経営している。筆者の経営する美容室に興味を持った方はぜひご来店いただきたい。調布にある「Windmill Extreme」というお店である。

構造的隙間を持つことのデメリットに話を移そう。構造的隙間はブローカー的な立場を活かすということなので，ビジネス的には儲けることができる。そのため売上や利益という点ではデメリットはない。ただ，ブローカーとしての立場の使い方を間違うと，ネットワーク内での信頼を失うケースがある。その信頼を失う場合があるという点をデメリットとしてあげて説明する。

例えば，筆者の国内MBA受験予備校としての立場から，受験生に間違った情報を発信した場合を考えてみよう。間違った情報といっても，国内MBA受験予備校が多く儲けるための自己利益を追求したような情報を発信した場合である。

過去に実際にあった事例であるが，国内MBA受験では，英語の筆記試験やTOEICのスコア添付があるが，英語の試験の出来やTOEICのスコアは国内MBA受験の合否にはほとんど影響はないのである。仮に英語がすごくできてTOEICが900を超えていたとしても，そんなに有利にはならないのである。これが現実であるが，国内MBA受験予備校は，英語の講座を受講させたほうが予備校としては儲かるので，「国内MBA受験で英語は重要である」という発言を受験生にしていたのである。国内MBA大学院側は，英語の筆記試験をしたり，TOEICのスコア提出を求めているので，「英語は重要ではない」なんてことは当然言わない。英語が重要でなくても，本音を大学院は言えないのである。

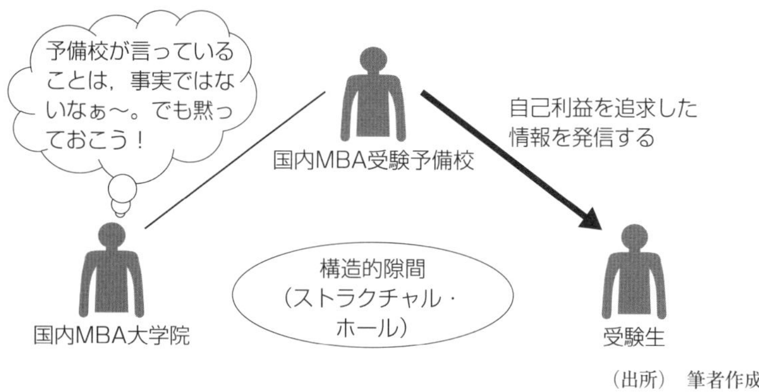

（出所）　筆者作成

このような構造的隙間が豊かな位置に予備校はあるために，事実とは異なる情報を発信していた状況に筆者は，真実を受験生に暴露した。「国内MBA受験で英語は重要ではない」とはっきり発言した。そして，「予備校側が国内MBA受験で英語が重要という発言をするのは，予備校が儲かるからであり，英語を一生懸命勉強しても受験には有利にならない」という予備校業界にとって不都合な真実を暴露してしまったのである。さすが，この筆者が発した情報は間違っていないので，「英語が重要」と発言して，自社の儲けを優先している予備校は，受験生から信頼を失って，受講生が減少したり，中にはもう商売としてのうまみがないと判断したのだろう閉鎖してしまう予備校も出てきたのである。

以上，筆者の経験を長々説明してきたが，構造的隙間があるからといって，あまりにも自己利益だけを追求すると，信頼を失ってしまい，自身が危機的な状況に陥ってしまうのである。これが構造的隙間を持つことのデメリットである。

4　情報の非対称性

最後に，あまり本設問の解答とは関係はないが，「情報の非対称性(information asymmetry)」という概念について説明する。情報の非対称性に関しても，出題されている大学院があるからである。京都大学経営管理大学院，慶應義塾大学大学院経営管理研究科などでの出題が見られる。

情報の非対称性とは，読んで字のごとく，情報が非対称ということである。非対称ということは，対称ではないということである。情報が対称ではない，というのはどういうことだろうか。情報を発する側と情報を受ける側の情報が対称ではないということである。

例えば，先ほどの例で，国内MBA受験予備校と受験生の関係を考えてみよう。情報を発する側が国内MBA受験予備校で，情報を受ける側が受験生である。この場合，国内MBA受験に関する情報は，圧倒的に予備校のほうが多く，受験生は国内MBAに関する情報を持っていない。予備校と受験生では，保有する情報が非対称なのである。これを情報の非対称性という。

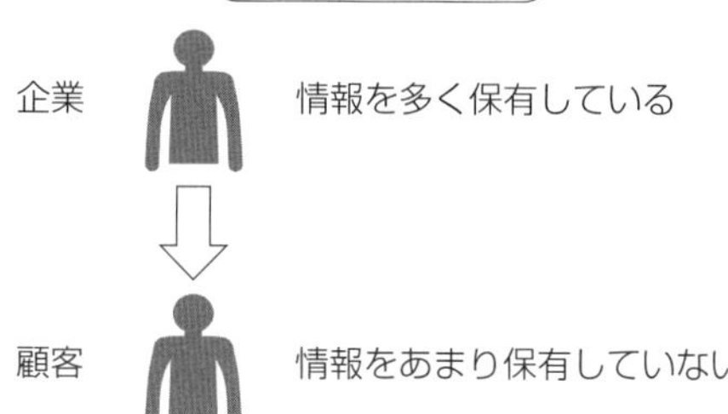

（出所） 筆者作成

このように情報の非対称性があると，情報発信者は自己利益追求をする可能性が高まる。先の予備校の事例を考えるとわかりやすい。受験生は大学院とつながりがないので，正確な情報を得るのは予備校からだけである。なので，予備校が言うことは信じざるを得ない。このような状況下においては，予備校は自社の儲けのために，英語は受験上それほど重要ではないのに，「英語は重要なので，しっかり勉強するように」という発言を繰り返すようになる。受験生は受験に関して正確な情報を知らないので，予備校の言いなりにならざるを得ないという状況を予備校は利用して，自己利益追求をするのである。この自己利益追求を虚偽表示という。

実際に，2010年より前の国内MBA受験予備校業界では，上記のような自己利益追求が当たり前のように起きていた。

そこで，筆者は，ウインドミル・エデュケイションズの受講説明会や著書の中で，「予備校は自己利益追求のために，英語が重要と言っている。実際は，英語は受験上は重要ではない」ということを発信した。これがSNSで拡散した結果，多くの予備校は，自己利益追求である虚偽表示をやめるようになった。やめない予備校は，市場から見捨てられるような厳しい現実となったのである。今は，IT化が進んでいるために，虚偽表示が通用しなくなっている。ウソをついても，すぐにバレてしまうのである。

IT化による情報の非対称性の崩壊

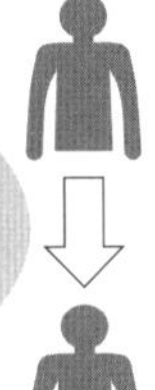

（出所） 筆者作成

以上の説明のとおり，IT 化が進んだ情報化時代には，虚偽表示をして儲けることは危険な行動となってしまったのである。IT 化が進む前の時代には，顧客に真実を告げずに，顧客の無知に乗じて儲けることができたのだが，その仕組みがITによる情報化でできなくなってしまった。ウソをついて儲けようとしている企業は，すぐにSNSに書かれて，暴露されてしまう。

予備校業界にかかわらず，いろいろな業界で情報の非対称性を利用して儲けるビジネスが存在している。皆さんは，この点に注意して，日々の生活を営んでいただきたい。

第２問：エージェンシー理論

エージェンシー問題とは何かについて述べなさい。その上で，株主と経営者の間に生じるエージェンシー問題について説明し，その解決策を述べなさい。

（字数：1,000字程度，制限時間：60分）

解答例

プリンシパル（依頼人）とエージェント（代理人）の間には，目的の不一致が生じる場合があり，その不一致が原因で発生する問題をエージェンシー問題という。株主は企業の経営を経営者に依頼している依頼人であり，経営者は株主の代わりに経営をおこなう代理人である。

この株主と経営者の間での目的の不一致で生じるエージェンシー問題の例として，「経営者特典」をあげる。経営者は，会社の資本の一部を取り崩して，経済価値はまったく生まないが，経営陣にとっては直接利益となる特典に会社のお金を使うことがある。そのようなお金の使い方の例としては，贅沢なオフィス，高級外車，豪華な社宅（タワマンなど），豪華な休暇用の宿泊施設などがある。このようなお金の使い方が，経営者への直接利益となり，会社にとっては損失につながっているのであれば，これは明らかに株主と経営者の間のエージェンシー問題といえる。

株主と経営者との間のエージェンシー問題の解決法としてのモニタリングがある。そして，株主が経営者をモニタリング（監視）する仕組みの1つが「取締役会」である。ここでは米国型の取締役会を例に説明する。米国企業では，業務をおこなう執行側とモニタリングをおこなう監視側が明確に分離されている。

監視側の取締役会の役割は，業務を執行する最高経営責任者（CEO）を筆頭とした上級執行役員（SEO）がしっかり業務をおこなっているのかを監督・評価することである。取締役会は，株主に代わって経営者をモニタリングするための機関であって，日常の業務の執行には直接には携わっていない。日常業務に関しては，自らが選任した業務を執行する最高経営責任者（CEO）を筆頭とした上級執行役員（SEO）であるオフィサーに任せるのである。

オフィサーは，個々の業務執行についての戦略立案とともに，責任を持ってそれをおこなう。それに対して，取締役は，立案された戦略を承認し，執行の成果のレビューをおこなう立場にある。両者の責任と役割は，明確に区分されている。

このように業務執行をおこなう経営者（オフィサー）を取締役会がモニタリング（監視）する仕組みがあることによって，株主と経営者との間のエージェンシー問題は解決できるのである。

解説

今回の問題はエージェンシー問題に関してであるが，エージェンシー問題やエージェンシーコストといったエージェンシー理論を，過去に出題している大学院は多い。近年では京都大学経営管理大学院で出題されているし，ちょっと前には東京都立大学大学院経営学研究科や早稲田大学大学院経営管理研究科でも出題されている。エージェンシー理論に関係したストック・オプションに関しては，神戸大学大学院経営学研究科で出題されている。そんな頻出のエージェンシー理論について，以下で詳しく説明していく。

1　所有と経営の分離

筆者のような零細企業の経営者は，企業の株主（オーナー）であり，経営者でもある。企業の所有者が筆者であり，経営をするのも筆者である。つまり，「資本家，オーナー＝経営者」ということである。多くの中小零細企業がこのような状況にある。しかし，現在の大企業のほとんどは，「資本家，オーナー＝経営者」という図式が成り立たなくなっている。自分が株主でもオーナーでもなく，企業の経営だけをする人のことを専門経営者と呼ぶ。わかりやすくいうと，サラリーマン経営者とか，雇われ経営者となる。

現在の日本の大企業の経営者は，生え抜きの専門経営者が企業経営をおこなっているケースが多くなっている。生え抜きの専門経営者とは，新入社員として会社に入社し，係長，課長，部長といったポストを経験して，従業員としては退職し，最終的に取締役になって経営をおこなっているのである。このような経営者は，必ずしも株主である必要もなく，オーナー的な立場にある必要はない。

このような企業の所有者である株主，オーナーと，企業を経営する人が別々の状態にある状態を，「所有と経営の分離」と呼んでいる。日本でも，戦後のGHQによる持株会社の解体，財閥家族の支配力排除などの措置によって，所有型経営者が一掃され，専門経営者が台頭していくことになった。この所有型経営者から専門経営者への移行が生じる原因については，法学者バーリと経済学者ミーンズの『近代株式会社と私有財産』（Berle & Means，1932）を参照していただきたい。

2　エージェンシーコスト

まず，エージェンシー関係とは何かについて説明する。何かをする場合に，依頼する人と頼まれる人の2者が存在する。仕事や行為を「依頼する側」のことをプリンシパル（principal）と呼び，「仕事を頼まれる側」のことをエージェント（agent）と呼ぶ。この2者の関係をエージェンシー関係と呼ぶ。

このプリンシパルとエージェントの間に発生する問題をエージェンシー問題と呼ぶ。では，どんな問題なのか。プリンシパルとエージェントの間には，目的の不一致が生じる場合があり，その不一致が原因ですれ違いや問題が発生するのである。

わかりやすく説明してみよう。例えば，ある会社の上司のAと部下のBを例に考えてみる。上司のAはBを信じて仕事を任せているので，Bにいちいち報告や連絡を求めていない。自由にやらせている。しかし，Bはサボる習慣があり，仕事をしているフリをして，実際はネットカフェで寝ているとする。自由にやらせているので，上司のＡはこのＢの実際の姿を知らない。このように，上司のＡは仕事を一生懸命するという目的を持ってＢに仕事を依頼しているのに，部下のＢはサボることが目的だったとすると，目的の不一致が生じて，Ｂの実態がバレると大きな問題になるのである。これがエージェンシー問題である。

さらに，掘り下げてエージェンシー問題が生じる原因を探る。上記の例では，上司と部下の目的が一致していなかった。バレれば問題になるが，バレなければ問題にはならない。これが生じる原因は，上司と部下に本章の第１問で説明した「情報の非対称性」があるからである。上司Ａが待つ情報と部下Ｂが持つ情報が対称（同じ）ではないがゆえに生じる問題である。上司Ａと部下Ｂに情報の非対称性がなければ（部下Ｂがサボっていたとしたら，それが必ず上司Ａにバレる），部下Ｂはバレたらマズいので，サボることはしないはずである。要するに，上司Ａと部下Ｂに情報の非対称性があるから，エージェンシー問題は起きるのである。

ということで，エージェンシー問題が生じる原因は，目的の不一致，情報の非対称性の２つにあることがわかる。

では，このエージェンシー問題を解決するにはどうしたらいいのだろうか。

１つ目の解決策は，モニタリングである。これはプリンシパルがエージェントの行動をモニタリングすることで，情報の非対称性を解消しよう

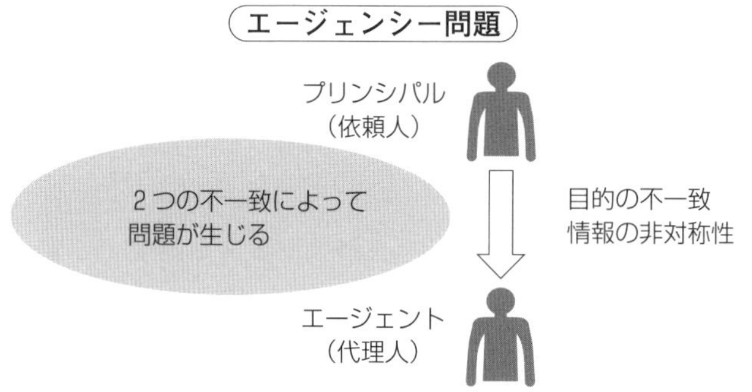

（出所） 筆者作成

という試みである。先の例では，上司Ａが部下Ｂに対して，報連相を徹底させたり，報告書を提出させたり，ミーティングをおこなったりするなどがある。多かれ少なかれどこの組織でもやっていることだと思う。

このようにプリンシパルとエージェントの間で情報共有を図り，モニタリングをおこなうことは情報の非対称性の解消に一定の効果はあるが，やりすぎは注意である。というのも，過剰なモニタリングはプリンシパルの立場からすれば，エージェントの行動を逐一把握できるようになるので，安心感は得られるが，エージェントの立場からすれば，プリンシパルから常に監視されている気分になるので，たまったものではない。人によってはそれによって過剰なストレスを感じたり，「自分は信用されていないのか？」と不信感を抱いたりして，モチベーションの低下や人間不信を招いてしまう。

２つ目の解決策は，インセンティブである。先の事例では，部下Ｂがサボらないようにするために，給与を成果に連動するようにするのである。これによって部下Ｂもサボっていたら，給与が下がるので，一生懸命に働こうとするのである。

インセンティブによる解決は，「何がインセンティブとして適切かわからない」という問題がある。インセンティブによる解決を図るというと，「じゃあ，給与・報酬を出せばいい」と考えがちであるが，人によってはお金に魅力を感じない人もいる。「今の給与で満足」という人に対して「給与をアップします」と言っても，「いや，給与はいらないから仕事を楽にしてよ」と言われるかもしれない。そのようにお金に魅力を感じていない人に対して，お金をインセンティブとしても意味がない。人の価値感というのは多様である。仕事に「お金」を求める人もいれば，「楽さ」を求める人もいるし，「権限」や「やりがい」「人間関係」を求める人もいる。そのように多種多様な価値観がある中で，その人に合った適切なインセンティブを提示するというのは大変である。だから，インセンティブでの解決というのもなかなか難しいのである。

プリンシパル
（依頼人）

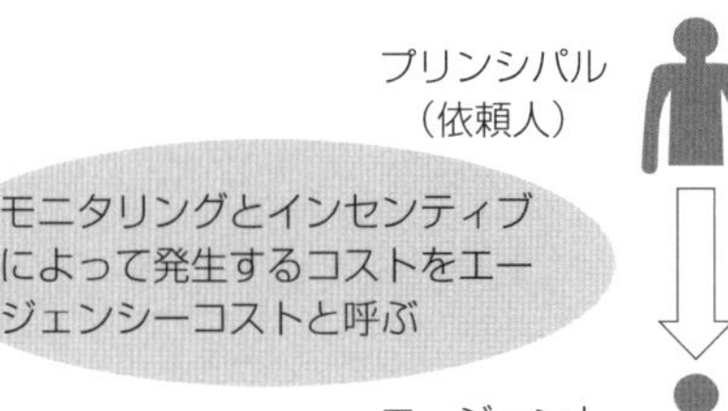

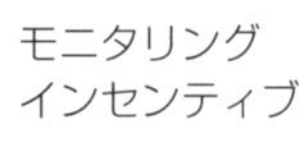

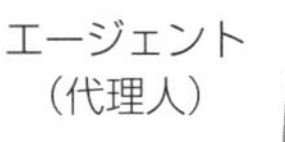

（出所）　筆者作成

とはいっても，何もしないとエージェンシー問題はまったく解決はしないので，上記のモニタリングとインセンティブは解決策として用いるべきだと考える。

このエージェンシー問題を解決するために要する費用のことを，エージェンシーコストという。モニタリングするためのコストとして，報連相を徹底させたり，報告書を提出させたり，ミーティングをおこなったりするコストのことである。また，インセンティブを支払うコストであったり，インセンティブシステムを構築するためのコストだったり，も含まれる。こういったエージェンシー問題を解決するために要する費用のことをエージェンシーコストというのである。

3　株主と経営者との間のエージェンシー問題

エージェンシー関係，エージェンシー問題，エージェンシーコストという基本的な知識は理解できたと思うので，ここからは本設問の解答である株主と経営者との間のエージェンシー問題について説明していく。

株主と経営者の関係も，先の上司と部下の関係同様にエージェンシー関係にある。「所有と経営の分離」により，企業の所有者である株主，オーナーと，企業を経営する人が別々の状態にあるからである。株主は自分は経営せずに，お金だけ出して，経営は専門経営者に委託する。株主がプリンシパルで，経営者がエージェントという関係である。

株主と経営者の間のエージェンシー関係は，経営者が投資家の利益に合致するように投資の意思決定を下す限り，非常に効果的に機能する。つまり，株主がその企業への投資に対する収益率を最大化しようと考えており，企業側の経営者も同じくその投資の収益率最大化を目的に意思決定を下すならば，外部投資家は自身の投資の日々の運営を企業経営者に託すことに関し，ほとんど何も憂慮することはない。しかし，不幸にして，企業に投資する株主と経営者の利害が一致しないケースは無数にある。エージェンシー関係にある両者の意思決定上の目的が異なっている場合，エージェンシー問題が発生する（バーニー，2003)。例えば，株主のお金を事業に使わずに，高級外車の購入に使って，自身の遊びを謳歌するような経営者もいるかもしれない。これは明らかに，株主の目的に反する行為であり，エージェンシー問題といえる。

では，このような株主と経営者の間のエージェンシー問題が生じる原因は何なのだろうか？　1つ目の原因は，「経営者特典」である。経営者は，会社の資本の一部を取り崩して，経済価値はまったく生まないが，経営陣にとっては直接利益となる特典に会社のお金を使うことがある。そのようなお金の使い方の例としては，贅沢なオフィス，高級外車，豪華な社宅（タワマンなど)，豪華な休暇用の宿泊施設などがある。このようなお金の使い方が，経営者への直接利益となり，会社にとっては損失につながっているのであれば，これは明らかに株主と経営者の間のエージェンシー問題といえる。

2つ目の原因は，「経営者のリスク回避性向」である。株主と経営者のリスク性向の違いは，エージェンシー問題の原因となる。株主である投資家は，自分でポートフォリオを描いて分散投資することができる。分散投資でリスクを回避しているので，1つの投資案件に対して，リスク回避に走ることはない。一方，経営者は，どちらかというとリスク回避的な行動に出る傾向がある。なぜならば，経営者が企業に抱えている経営資源は，現在の企業で保有しているがゆえに価値を持つ企業特殊的な経営資源である場合が多い。保有する経営資源の価値は，自社では高いかもしれないが，自社以外の会社にとっては，それほど価値のないものである場合が多い。リスクが高い事業が失敗してしまった場合には，自社の保有する経営資源の価値を喪失させてしまう危険性がある。よって，経営者は，リスクは取らずに，現在の安定的な状況を好む傾向がある。そうなると，リスク志向性が高い株主と，リスク志向性が低い経営者の間には，目的の不一致が生まれ，エージェンシー問題が発生するのである。

4　株主と経営者との間のエージェンシー問題の解決法

エージェンシー問題の解決策として，モニタリングとインセンティブがあるということはすでに説明した。ここでは，株主と経営者との間のエージェンシー問題の解決法としてのモニタリングとインセンティブについて説明する。

まずは，モニタリングの仕組みである。株主が経営者をモニタリング（監視）する仕組みの１つが「取締役会」である。ここでは米国型の取締役会を例に説明する。

米国企業では，業務をおこなう執行側とモニタリングをおこなう監視側が明確に分離されている。以下の図のような形である。

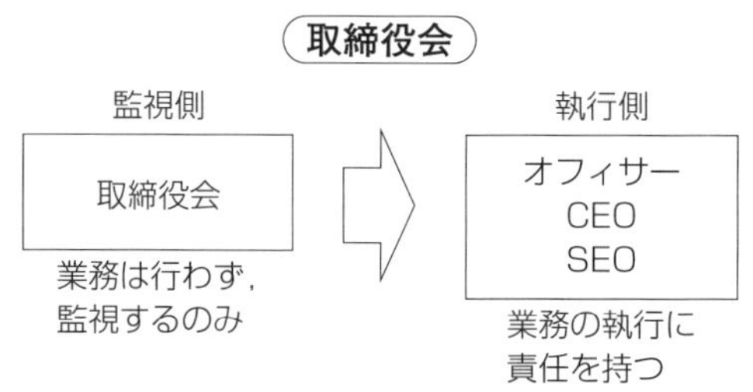

（出所）　筆者作成

以下，加護野，砂川，吉村（2010）を引用し説明する。

監視側の取締役会の役割は，業務を執行する最高経営責任者（CEO）を筆頭とした上級執行役員（SEO）がしっかり業務をおこなっているのかを監督・評価することであり，彼らの報酬の決定もおこなう。また業務怠慢や成果が出せない場合は最高経営責任者（CEO：Chief Executive Officer），上級執行役員（SEO：Senior Executive Officer）の解任もおこなう。具体的には，経営陣の事業戦略・計画の審査・承認，財務目標・資金調達計画・投資計画に対する審査・承認などである。

取締役会は，株主に代わって経営者をモニタリングするための機関であって，日常の業務の執行には直接には携わっていない。日常業務に関しては，自らが選任した業務を執行する最高経営責任者（CEO）を筆頭とした上級執行役員（SEO）に任せるのである。

米国企業で日常業務を執行しているのは，オフィサーと呼ばれる人たちであり，それが最高経営責任者（CEO）を筆頭とした上級執行役員（SEO）である。我々が通常イメージするところの「経営者」「経営幹部」に該当するのは，最高経営責任者（CEO）を筆頭とした上級執行役員（SEO）であり，取締役ではない。この点は誤解しがちなので，間違わないようにしていただきたい。

オフィサーは，個々の業務執行についての戦略立案とともに，責任を持ってそれをおこなう。それに対して，取締役は，立案された戦略を承認し，執行の成果のレビューをおこなう立場にある。両者の責任と役割は，明確に区分されている。なお，オフィサーは取締役を兼務可能であるが，取締役である必要はない。この点も注意していただきたい。

以上が，経営者をモニタリング（監視）する仕組みである取締役会に関する説明である。

次は，インセンティブの仕組みである。エージェンシー問題の解決法としてインセンティブがあることはすでに説明したが，株主と経営者との間のエージェンシー問題の解決法は，「ストック・オプション」が一般的である。

ストック・オプションとは，新株予約権の一種であり，自社株を買い取る際に，自社の経営者が事前に定められた株価で取得できる権利のことである。株式（ストック）を，定められた価格で買うか否かを選択できる権利（オプション）ということでストック・オプションと呼ばれている。

ストック・オプションの仕組みは以下のとおりである。まず会社が，経営者に「権利行使価格」と呼ばれる金額で，自社株の取得権利を与える。株価上昇時にストック・オプションの権利を行使すれば，自社株を権利行使価格で取得できる。つまり，権利行使価格が株価上昇後の価格よりも低ければ，ストック・オプションで自社株を取得した時点で，差額分の含み益を得ることが可能なのである。もちろん，すぐに売却してもよいし，そのまま持ち続けてさらなるキャピタル・ゲインやインカムゲインを狙ってもいい。

ストック・オプションは，経営者への報酬の一環として交付されるものである。会社の業績が上昇すれば株価も上昇するため，ストック・オプションは自社の業績向上に対する実質的なインセンティブ報酬になっているのである。経営者は，株価を上昇させて多額のキャピタル・ゲインを狙いにいこうとするだろう。そのために一生懸命仕事をして，株価を上げようとする。これにより株主と経営者の目的の一致が実現し，エージェンシー問題は解決するのである。

第3問：内発的動機付け理論と目標設定理論

（設問1）

内発的動機付け理論について説明しなさい。その上で，同理論の限界を述べなさい。

（設問2）

目標設定理論について説明しなさい。その上で，同理論の限界を述べなさい。

（字数：合計で1,200字程度，制限時間：90分）

解答例

（設問１）

内発的動機付けの系統の研究の中でも最も説得力が高いと考えられているデシの内発的動機付け理論について説明する。

デシの内発的動機付けでは，有能さ（competence）と自己決定（self-determination）の感覚が動機付けの要因であるとされている。有能さは，自己の環境を効果的に処理することができる能力あるいは力量であると定義されている。自己決定とは，自分の行動の原因が自分自身であるということである。デシは，有能さと自己決定を感じることができる活動に従事するとき，人は内発的に動機付けられた行動をしていると定義し，人間は有能さと自己決定の感覚への欲求から，適度なチャレンジを求め，それを達成できる活動に取り組むと考えているのである。

内発的動機付け理論の限界は，そのまま現実のビジネスの世界に当てはめようとするのは無理があるという点である。外的要因のまったくない完全な内発的な状況というのは，現実のビジネスの世界では，まず見つけることは難しい。現実のビジネスの世界では，何らかの報酬や対人関係など外的要因が必ずつきまとうものである。そのため，デシの内発的動機付け理論を，そのまま現実のビジネスの世界に当てはめようとするのは無理がある。

（設問２）

目標設定理論とは，人間の持つ意思や目的の働きを重視し，意識的かつ適切に設定された「目標」が人を動機付けるという理論である。この目標設定理論が登場するきっかけになったのが，ロックがおこなった木材伐採チームに関する実験である。人数と生産性が同程度の木材伐採チームを２つ用意し，伐採する場所の地形や機会の水準を同じにした。その上で，一方のチームには，伐採すべき木材の本数について具体的で困難な目標を与えた。もう一方のチームには，具体的な本数の目標は与えず，ベストを尽くしてできるだけたくさん木材を伐採するように指示をした。どちらのチームにも出来高給が支払われた。つまり，目標設定をしたチームに入るか，「ベストを尽くせ」という条件のチームに入るかに関係なく，たくさん木を切ればそれだけ多くの収入があるということである。この実験を1週間おこなった結果，目標を設定したチームのほうが，「ベストを尽くせ」とだけ言われたチームよりも，生産性も出勤率も高かったのである。

目標設定理論の限界は，複数の目標がある場合に目標間の対立があることである。通常の仕事では，目標が2つ平行して設定されることもよくある。その場合に，目標Aを達成する方法に集中することは，目標Bを達成する方法について考えないことでもある。例えば，量の確保に懸念になれば，質を顧みないことになりかねないし，逆もありうる。2つ以上の目標があって優先順位がない場合には，目標間の対立が起こるのである。それが起こると，通常どちらの目標に対する業績にも悪い影響が及ぶというのが目標設定理論の限界である。

解説

内発的動機付け理論は東京都立大学大学院経営学研究科で頻繁に出題されている。その他の大学院では，直接の出題はないが，人の動機付けに関しては，多くの大学院で出題されているので，ここで解説することは頭の中に入れておいて，いつでも使えるようにしておいていただきたい。そうすると，モチベーション関連の問題が出題された場合に対応できるようになるのである。また，従業員のモチベーションに関しては，日本の大企業の方は，興味を持ちやすいトピックである。なぜならば，日本の多くの大企業が大企業病にかかっていて，モチベーションの低い従業員が多いからである。その状況を打破する研究をしたいという方は，筆者が受験指導してきた中で多く存在した。そのため本解説が，研究計画書作成における研究テーマ発見のきっかけになるかもしれない。では，解説に移ろう。

金銭的報酬を与えることによって動機付けを高めることを外的要因による動機付けと呼んでいる。営業成績を達成した場合のインセンティブとしての報酬や本章の第2問で説明した経営者への企業価値向上に対する報酬であるストック・オプションなどは金による外的要因による動機付けの代表である。エージェンシー理論のところで説明したとおり，株主と経営者には，目標の不一致がある。それを解決して，株主と経営者の目標を一致させるためにはストック・オプションなどの金銭的インセンティブが有効という話をした。このように人を動機付けるには，金による金銭的報酬は有効なのである。

上記の金銭的インセンティブのような目に見える報酬が与えられない仕事にも，人はしばしばやる気を出して真剣に取り組むことがある。このような外的要因がない状態において，人が動機付けられているときを，内発的に動機付けられているという。その動機付けの源泉としては，仕事そのものの面白さや楽しさ，仕事に従事することから得られる有能感や満足感，自己決定の感覚などがあげられる。

具体的に説明する。例えば，ゲーム，趣味の作詞や作曲，DIY，家族でのキャンプなどのように，明確な報酬がない活動にも人は意欲的に取り組むことがある。見た目には，外的な報酬が何もなく，あたかもその活動そのものが目的であり報酬であるかのようである。つまり，活動に従事することから面白さや有能感，自己決定感を引き出すことができており，しかも，それらの感覚を感じたいから，その活動をおこなっていると考えられるのである。

このようなとき，人は内発的に動機付けられているとされるのである。内発的とは，報酬に相当するような感覚を，自分自身の内部から引き出しているという意味である。すなわち，動機付け要因が，自分自身の内部に存在するのである。一方，金銭に代表される外的報酬は，他人（自分自身の外部）からもたらされるものであるので，外発的な動機付け要因と呼ばれている。なお，この金銭による外発的動機付け要因に関しては，筆者が2011年に執筆した『国内 MBA 受験 小論文対策講義』（中央経済社）で詳しく説明しているので，そちらをお読みいただきたい。

1　デシの内発的動機付け理論

1－1　デシの内発的動機付け理論とは？

ここでは，内発的動機付けの系統の研究の中でも最も説得力が高いと考えられているデシ（E. L. Deci）の内発的動機付け理論について，二村（2004）を引用しながら説明する。

デシ（1980）の内発的動機付けでは，有能さ（competence）と自己決定（self-determination）の感覚が動機付けの要因であるとされている。有能さは，自己の環境を効果的に処理することができる能力あるいは力量であると定義されている。自己決定とは，自分の行動の原因が自分自身であるということである。デシは，有能さと自己決定を感じることができる活動に従事するとき，人は内発的に動機付けられた行動をしていると定義し，人間は有能さと自己決定の感覚への欲求から，適度なチャレンジを求め，それを達成できる活動に取り組むと考えているのである。つまり，自己を有能で自己決定的であると感じている人は，内発的に動機付けられた行動をとっているのであり，さらなる有能さと自己決定の感覚を求めて，意欲を燃やし努力するのである（二村，2004)。

デシは，こうした動機付けのメカニズムを，大学生を被験者とした実験室での実験と観察によって発見している。デシはいくつかの実験室に大学生を1人ずつ入れてパズルを解かせるという実験をおこなった。この実験は，パズル4個を解く1時間のセッションを計3回おこなうものであり，

デシの内発的動機付け理論

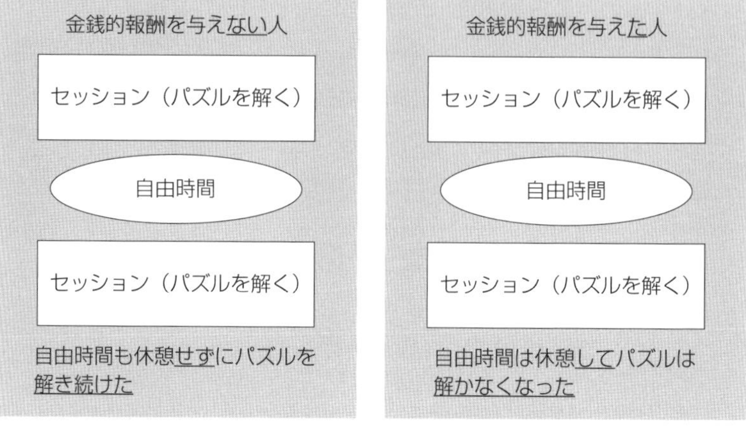

（出所） 筆者作成

各セッションの中間点で8分間ほど時間をとり，実験者は実験準備のためにと称して部屋を離れた。実験室には，灰皿や最近の雑誌等が用意されており，大学生には好きなことをしてもいいから実験室からは出ないようにと言い残して部屋を離れた。関心があるのは，この自由時間の8分間に，被験者の大学生が何をするかである。それに気づかれないように観察することになる。その上で，一部の学生に対して，実験のちょうど真ん中，第2セッションの途中で，解いたパズルの個数に応じて1個当たり1ドルの報酬が支払われた。すると，無報酬のまま実験を続けた学生は自由時間でもパズルを解き続けたが，報酬が支払われた学生は自由時間にパズルを解く時間が短くなったのである。つまり，報酬をもらうと，自由時間に休憩するようになったのだ。金銭的報酬をもらうと，本来面白いはずのパズルであっても，自由時間に休憩するようになるのである（高橋，2004）。

1－2　なぜ金銭的報酬が動機付けを低下させるのか？

先に高橋（2004）を引用し説明したとおり，金銭的報酬が内発的な動機付けを低下させてしまうのだが，そのメカニズムはどのようなものなのだろうか。再び，二村（2004）を引用し説明する。

金銭的報酬のような外在的要因の上記のような働きを理解するには，「認知された因果律の所在（perceived locus of causality）」という概念が役に立つ。これは「自分の行動の原因が誰に（どこに）あるのか」ということである。つまり，誰かに命令されて行動したり，誰かが与えてくれる外的報酬のために行動していると感じているとき，その人は「因果律の所在」が外部にあると認知しているという。これとは逆に，自らの意志で行動したり，自分の内側から湧き上がる感情を内的報酬として行動したりしていると感じているときは，「因果律の所在」は内部にあると認知されることになるのである。

外在的要因が内発的な動機付けを低下させるのは，因果律の所在を内部から外部に移してしまうからである。外在的要因のこのような働きを，デシは「制御的側面（controlling aspect）」と呼んでいる。つまり，外的報酬はあまりにもインパクトが強すぎるので，受け取る側の人に，外的報酬によって自らの行動を制御されていると感じさせてしまうのである。このようなメカニズムがあるがゆえに，金銭的報酬が内発的な動機付けを低下させてしまうのである。

しかし，デシは，これらの外在的要因も一定の条件を満たせば，金銭的報酬が内発的な動機付けを低下させてしまうことはないと指摘している。その条件の1つ目は，報酬が，その人のパフォーマンスを条件として支払われてはならないという点である。パフォーマンスによって報酬の額が決まるような場合，その人は金のために行動していると思い込みやすいからである。つまり，活動が報酬を得るための手段となってしまい，報酬が活動の理由であると感じることになるのである。そうならないためには，報酬が，その人のパフォーマンスを条件として支払われてはいけないのである。2つ目の条件は，報酬を無条件に与えるとしても，パフォーマンスと報酬が直接的に結び付けられないようにしなければならないという点である。これは例えば，実験に参加することに対して，報酬を支払うときに，与えられた課題をすべて終わらせたら報酬が支払われるというような条件を提示しないことである。参加さえすれば，課題をすべて解くことができようができまいが，無条件に報酬を支払うようにすればいいということである（二村，2004）。

1－3　内発的動機付け理論の限界

ここまで説明してきたデシの内発的動機付け理論であるが，同理論への批判も多く出ている。この批判を紹介し，本設問である「内発的動機付け理論の限界」に対する解答とする。

まずは，バンデューラ（1976）の批判である。バンデューラは内発的動機付けというのは捉えにくい概念であると指摘した。通常，外的要因（環境的，人的，社会的，物理的な誘引，他者からの期待など）がまったくない状況を探すのは不可能である。たしかに，人が何らかの活動をおこなう場合には，多少なりとも外的な要因が影響する可能性は否定できない。ゲームを好きだから真剣にやるという行動も，ゲームの腕を友人に自慢して，友人から賞賛という外的な報酬を得たいと考えているかもしれないのである。

次は，ロックやレイサム（1990）の批判である。デシの実験は，自由時間にパズルに費やす時間として内発的動機付けを定義しているが，これはあくまでもパズルの実験であり，現実の職場とはあまり関係がないと指摘している。こちらもそのとおりの指摘で，大学生を被験者としたパズルの実験結果を，そのまま仕事の現場に応用するのは無理があるといえる。仕事にかかわる日常生活においては，納期や，課せられたノルマや，給与などがほとんどいつも付随するものである。

以上，デシの内発的動機付け理論に対する批判を紹介したが，結論としては，外的要因のまったくない完全な内発的な状況というのは，現実のビジネスの世界では，まず見つけることは難しいということである。よって，デシの内発的動機付け理論を，そのまま現実のビジネスの世界に当てはめようとするのは無理がある，という点が「内発的動機付け理論の限界」に対する解答である。

2　目標設定理論

2－1　目標設定理論とは？

目標設定理論とは，人間の持つ意思や目的の働きを重視し，意識的かつ適切に設定された「目標」が人を動機付けるという理論である（金井，高橋，2004）。例えば，筆者のような予備校講師の場合，「今年の国内MBA受験において，合格者を200名出す」という目標を事前に設定した上で，今年の受験指導をおこなおうということである。このような目標を設定した人と，そうでなく単に「一生懸命がんばろう」という形で具体的な目標設定をしなかった人では，仕事の成果は目標を設定した人のほうが高いという実証研究の結果が出ているのである。

この目標設定理論が登場するきっかけになったのが，ロックがおこなった木材伐採チームに関する実験である。人数と生産性が同程度の木材伐採チームを２つ用意し，伐採する場所の地形や機会の水準を同じにした。その上で，一方のチームには，伐採すべき木材の本数について具体的で困難な目標を与えた。もう一方のチームには，具体的な本数の目標は与えず，ベストを尽くしてできるだけたくさん木材を伐採するように指示をした。どちらのチームにも出来高給が支払われた。つまり，目標設定をしたチームに入るか，「ベストを尽くせ」という条件のチームに入るかに関係なく，たくさん木を切ればそれだけ多くの収入があるということである。この実験を１週間おこなった結果，目標を設定したチームのほうが，「ベストを尽くせ」とだけ言われたチームよりも，生産性も出勤率も高かったのである（レイサム，キン，1974）。

目標設定理論

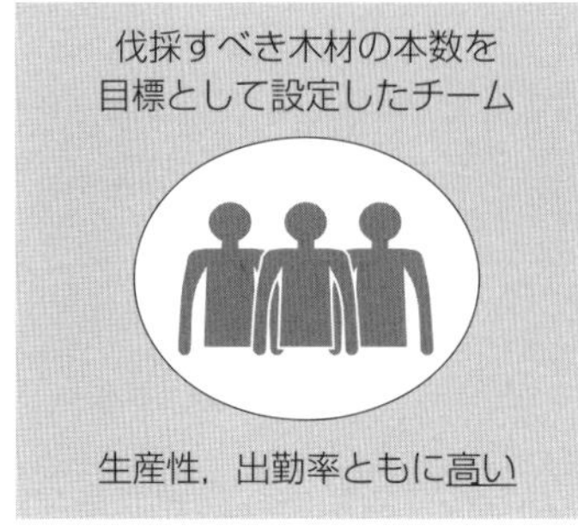

（出所） 筆者作成

生産性も出勤率も高くなるという変化が，なぜこれほど早く起きたのだろう。面接してわかったのだが，目標を与えられた職人たちはすぐに同じチームの人に対して，また別のチームの人たちにも，自分の伐採効率について得意げに話し始めた。目標設定が彼らに目的意識や挑戦意欲を与え，肉体を酷使するだけの退屈な仕事と思っていたことに新しい意味をもたらしたのだ。要するに，目標を目指し，実現することで，仕事への興味と業績への誇りが高まり，給料が増えるだけでなく，個人としてうまく効率的にやれているという感覚が強まった。「ベストを尽くせ」方式の問題点は，給料が出来高なのに，実際にはベストを尽くさないことだった。訴え方があいまいで抽象的すぎる。業績を評価する基準がないため，評価も場当たり的となる。その結果，これくらいでいいだろうという受容可能な業績レベルが人によって大きく異なる。これに対して，具体的で困難な目標があれば，成し遂げなければならないことが誰にとっても明確になるのである。かくして，科学が実践を導いた。目標設定は実際に従業員の生産性を高めたのである（レイサム，2009）。

木材伐採チームの実験の話はこのくらいにして，話を次に進めよう。ここからはスティーブン P. ロビンス（2009）『組織行動のマネジメント』からの引用を用いて説明する。

目標の難易度と，目標設定への部下の参加に関してである。能力や目標の受け入れといった要素が一定なら，目標が難しくなればなるほど，業績が向上することも実証されている。普通に考えると，簡単な目標のほうが受け入れられやすい。しかし，部下は，厳しい職務をいったん受け入れれば，目標が達成されるか，引き下げられるか，中止されるまで，一生懸命に努力するのである。

従業員に自身の目標の設定に参加できる機会を与えれば，それだけ一生懸命に努力するだろうか。目標の設定に参加するほうが他人から目標を割り当てられる場合より，業績が良くなるかどうかは，過去の研究成果から判断するとどちらともいえない。本人が目標設定に参加したほうが高い業績につながったケースもあるが，上司から目標を割り当てられたときに最上の結果を出したという場合もある。この点は，研究結果がさまざまであるので，読者の皆さん自身で，目標設定理論の実証研究をしてみてもいいと思う。興味のある方は，目標設定理論で研究計画書を書いていただきたい。

目標設定に部下が参加することの大きなメリットは，目標そのものを望ましいものとして受け入れる度合いが高くなることである。難しい目標を設定したときは抵抗が大きくなる。目標設定に参加した人は，たとえそれが恣意的に割り当てられた目標よりも難しいとしても，それを受け入れる可能性が高くなる。諸々の選択に意見をはさむことができるからだ。部下が目標の設定に参加した場合，割り当てられた目標がすんなり受け入れられた場合よりも，良い業績につながるとは限らないが，参加することで難しい目標が受け入れられ，それを目指す努力につながることは確かである。

では，ここで目標設定理論に関してまとめよう。目標設定理論をこれまで実証研究した結果では，挑戦しがいのある目標の方が動機付けとして優れているということである。部下を目標設定のプロセスに参加させることが，常に望ましいという結果は出せないが，難しいチャレンジに対して抵抗が予想される場合には，目標の設定に参加させるほうが割り当てられるよりも好ましいだろう。したがって，全体的な結論としては，目標という形で表現される意図が動機付けの力になりうるというかなりの証拠があるのである（ロビンス，2009）。目標設定理論は，議論が多い理論であるので，国内MBA受験生の皆さんの研究計画書のネタとして使いやすいと思われる。

2－2　目標設定理論の限界

目標設定理論の限界を，レイサム（2009）をもとに説明する。1つ目は，複数の目標がある場合である。目標Aを達成する方法に集中することは，目標Bを達成する方法について考えないことでもある。例えば，量の確保に懸念になれば，質を顧みないことになりかねないし，逆もありうる。2つ以上の目標があって優先順位がない場合には，目標間の対立が起こるのである。それが起こると，通常どちらの目標に対する業績にも悪い影響が及ぶ。これに対して，複数の目標であっても，優先順位がついていたり，相互に関連したりすれば，効率良く双方の目標を追求できるのである。

2つ目の限界は，目標達成に全力を注ぐ人は，それぞれの自分の目標を達成することに集中するあまり，他の人々が目標達成するのを，あまり助けなくなるかもしれない。これは当然のことかもしれないが，まずは自分の目標を達成することに全力を注ぐのである。そのためチームワーク上の問題が生じる可能性がある。

3つ目の限界は，目標設定理論はすべての人に適用することはできないという点である。カンファー，アッカーマン（1989）は，知識または能力がない場合に，具体的で困難な目標を設定すると，業績に有害な影響を及ぼすということを発見した。目標を目指す意図があるからといって，動機付けが自動的に生じるのではないということである。目標設定理論が機能するには，知識または能力があることが必須条件なのである。この条件が満たされた場合，目標の特性（目標の具体性，困難度，その目標を達成することが価値あることか）が，人の努力の熱心さに影響を与えるのである。

以上のように，目標設定理論にはさまざまな限界が指摘されているので，これら限界が自分の職場で実際に生じるのか，という点をMBAで研究するというのも，研究計画書の研究テーマとして面白い。興味がある方は，ぜひ研究テーマとして考えていただきたい。

第４問：官僚制とリーダーシップ理論

（設問１）

官僚制とは何かについて説明しなさい。

（設問２）

官僚制の逆機能とは何かを，２つの具体例をもとに説明しなさい。

（設問３）

官僚制が機能する組織にリーダーシップが必要になる理由を，リーダーシップ理論に触れながら説明しなさい。

（字数：合計で1,500字程度，制限時間：90分）

解答例

（設問1）

官僚制とは，非常に公式化された規則や規制，それに基づいた職務の専門化によって実現される組織運営のあり方のことである。この官僚制が機能するためには，業務プロセスが標準化（マニュアル化）されていることが必要である。文章化されたマニュアルを遵守して職務をおこなうというのは官僚制の原則なのである。

（設問2）

官僚制の逆機能とは，官僚制の持つデメリットのことである。

1つ目は，「形式主義」である。形式主義とは，規則ばかりを重視し，規則通りの行動しかとらない状態のことである。例えば，社内に存在する規則には反するが，市場ニーズを捉えた画期的な新製品の開発を思い付いたとする。そこで，その新製品のアイデアを社内の会議で提案しようと上司に相談したとする。そこで，官僚的な組織の上司は，「社内の規則に反することはできない」と言い，どんなに素晴らしい新製品でも却下してしまう。これが規則ばかりを重視する形式主義の一例であり，チャンスを見逃してしまう要因にもなる。

2つ目は，「訓練された無能」である。訓練された無能とは，規則に縛られた行動のワンパターン化やルールの遵守により，意思決定のパターンが硬直化する現象のことである。例えば，消費者のニーズが変わってきた場合を想定してみよう。ここでは音楽を聴く場合に，CDから音楽配信へニーズが変わったとする。通常であれば，消費者のニーズの変化を察知し，ニーズに合わせてビジネスのあり方を考え直すなどの対策を実施する。しかし官僚制の逆機能に陥っている組織では，各従業員は組織が定めた規則やマニュアル通りに製品を生産したり，これまで慣れ親しんだ商品を作り続けることを重要視する。その結果ニーズの変化に察知できなかったり，察知したとしても対応しようという発想が出てこなくなり，市場のニーズ変化に対応できずに業績が悪化してしまうのである。これまでの行動やマニュアル，ルールを遵守するあまり，革新的なアイデアや広い視野を持つことができなくなっている組織は，官僚制の逆機能を発症している可能性が高い。多くの日本の大企業が，この状態にあるのではないだろうか。

（設問３）

官僚制では，すべての活動が規則によって規定され，組織メンバーの恣意性はまったく排除され，誰が意思決定してもまったく同じ結果とならなければならない。そこでは，特定の個人が何か意思決定しているようにはみなされない。組織メンバーは取り替えの効く部品のごとくみなされる。当然，組織メンバーのモチベーションが問題となることもない。なぜなら，組織に労働力を提供するという意思決定がなされている以上，規則に基づいて組織に貢献するのが当然だからである。

ただ，現実の組織を見ても，このようなパーフェクトな官僚制が機能しているところはほぼない。なぜなら，組織で働く人は，機械ではないからである。感情もあるし，病気にもなる。機械の部品のように動くことはできないのである。

そこにリーダーシップが機能する余地がある。リーダーシップの行動理論において，リーダーの有効な行動の一つとして「配慮（consideration）」がある。配慮とは，相互の信頼を築く，部下のアイデアや考えを尊重する，部下の感情への気配り，という点によって特徴付けられるような，集団の人間関係を尊重するリーダー行動を指す。部下の感情に気配りをすることは，官僚制では求められるわけではないが，部下の貢献意欲を維持するために，リーダーは「配慮」の行動をとり，それによって官僚制が機能する前提条件が準備される。人間は機械ではないので，配慮の行動によって，人間的な思いやりを見せて，部下のやる気を引き出すのである。
　このように官僚制を補完するためにリーダーシップが存在するということがいえるのである。

解説

官僚制，官僚制の逆機能やリーダーシップ理論に関しては，京都大学経営管理大学院や東京都立大学大学院経営学研究科で出題されている。直接的な出題でなければ，慶應義塾大学大学院経営管理研究科，一橋大学大学院経営管理研究科でも出題されている。組織論や組織行動学の定番問題であるので，国内MBA受験生は，上記2校に限定することなく，全員が知っておいてほしい基礎知識である。

1　官僚制とは

1922年に社会学者マックス・ウェーバーが，『支配の社会学』の中で主題として取り上げたのが官僚制である。『支配の社会学』の中で，マックス・ウェーバーは次のような原理に基づいた組織を官僚制組織と呼んだ。以下，二村（2004）を引用して説明する。

1. 規則によって権限が定められ，その範囲で職務が遂行される
2. 権限とヒエラルキーの体系が形成されている
3. 文書が媒介として用いられて職務が遂行される
4. 職務が専門分化し，職務遂行のための専門的訓練が必要とされる
5. 職務と私生活の領域が区別され，職務活動中は全労働力が要求される

以上の原理は，政府や自治体といった行政組織に典型的に見られるが，

程度の差こそあれ，現代のほとんどの組織に見出すことができる特徴である。権限が規則としてまったく規定されておらず，職務の範囲の定めもなく，ヒエラルキーの体系もなく，文書（データも含む）が媒介としてまったく使用されず，職務と私生活が交じり合っている状態というのは，ごく小規模な組織では考えられなくもないが，普通は存在しない。

このような特徴は一言でいうならば，「標準化」といえるかもしれない。文章化されたマニュアルを遵守して職務をおこなうというのは官僚制の原則なのである。したがって，現代のほとんどの組織は多かれ少なかれ官僚制の要素を含んだものであり，官僚制の原則に基づいて組織が作り上げられていることが多いのである。マクドナルドや吉野家の標準化されたマニュアルに基づいた運営は，官僚制そのものである。

第3章の第2問で説明した職能型組織は，職能ごとに専門化され明確な権限ヒエラルキーによって運営されているので，官僚制の例である。パーフェクトな官僚制では，すべての活動が規則によって規定され，組織メンバーの恣意性はまったく排除され，誰が意思決定してもまったく同じ結果とならなければならない。そこでは，特定の個人が何か意思決定しているようにはみなされない。組織メンバーは取り替えの効く部品のごとくみなされる。当然，組織メンバーのモチベーションが問題となることもない。なぜなら，組織に労働力を提供するという意思決定がなされている以上，規則に基づいて組織に貢献するのが当然だからである。このような官僚制では，人は部品とみなされているので，人の感情は無視される。しかし，人は機械ではないので，感情が無視されていてはモチベーションは高まらない。そこにリーダーシップの必要性が生まれるのである。官僚制とリーダーシップの関係性は後で説明する。

2　官僚制の逆機能とは

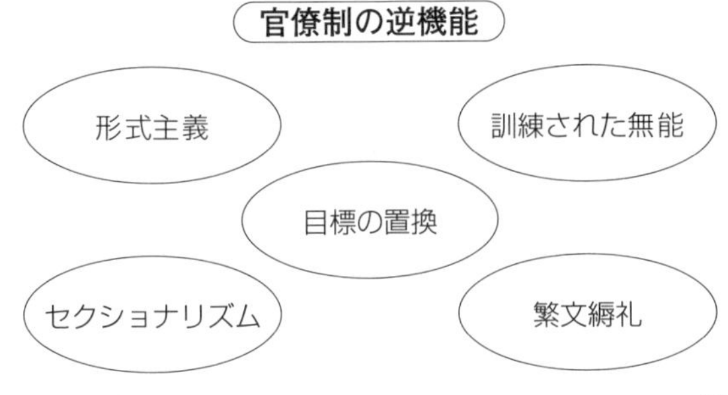

（出所）　筆者作成

官僚制の逆機能とは，官僚制の持つデメリットのことである。アメリカの社会学者マートンの研究により，官僚制の持つデメリット（逆機能）が明らかにされた。官僚制の逆組織が生じると，マクロ環境の変化や消費者ニーズの変化といった環境変化に対応できなくなる。官僚制の逆機能は「大企業病」ともいわれているとおり，日本の大企業にも多く当てはまっており，この“病気”が理由で環境変化に対応できない事例は多々ある。読者の皆さんの会社や上司は，この官僚制の逆機能に該当しないかチェックしてみていただきたい。

ということで，ここでは官僚制の逆機能（デメリット）を５つ紹介する。

１つ目は，「形式主義」である。形式主義とは，規則ばかりを重視し，規則通りの行動しかとらない状態のことである。例えば，社内に存在する規則には反するが，市場ニーズを捉えた画期的な新製品の開発を思い付いたとする。そこで，その新製品のアイデアを社内の会議で提案しようと上司に相談したとする。そこで，官僚的な組織の上司は，「社内の規則に反することはできない」と言い，どんなに素晴らしい新製品でも却下してしまう。これが規則ばかりを重視する形式主義の一例であり，チャンスを見逃してしまう要因にもなる。皆さんの会社の上司にこんなタイプがいたら，それは官僚制の逆機能である。

2つ目は，「訓練された無能」である。訓練された無能とは，規則に縛られた行動のワンパターン化やルールの遵守により，意思決定のパターンが硬直化する現象のことである。例えば，消費者のニーズが変わってきた場合を想定してみよう。ここでは音楽を聴く場合に，CDから音楽配信へニーズが変わったとする。通常であれば，消費者のニーズの変化を察知し，ニーズに合わせてビジネスのあり方を考え直すなどの対策を実施する。しかし官僚制の逆機能に陥っている組織では，各従業員は組織が定めた規則やマニュアル通りに製品を生産したり，これまで慣れ親しんだ商品を作り続けることを重要視する。その結果ニーズの変化に察知できなかったり，察知したとしても対応しようという発想が出てこなくなり，市場のニーズ変化に対応できずに業績が悪化してしまうのである。これまでの行動やマニュアル，ルールを遵守するあまり，革新的なアイデアや広い視野を持つことができなくなっている組織は，官僚制の逆機能を発症している可能性が高い。多くの日本の大企業が，この状態にあるのではないだろうか。

3つ目は「目標の置換」である。目標の置換とは，本来規則とは組織の目標を達成する手段であるにも関わらず，ルールを守ることが目標となってしまう現象を意味する。例えば，営業マンがビジネスにおいて，高い成果を出すには，第一印象が大切である。その第一印象をよくするために，「男性はネクタイをする」というのが一般的な認識である。よって，ネクタイをするというのは，高い成果を出すための手段であって目標ではない。しかし，多くの日本の年配のビジネスマンは，ネクタイをしていないと，「どうしてネクタイをしないのか？　ネクタイはビジネスの基本だ」というような目標を無視した発言をする。これは目標の置換の典型である。これでは若手のビジネスマンはすぐに辞めてしまう。このように手段が目標となってしまうと，会社に悪影響が及んだり，本来目指していた目標を達成できなくなる恐れがある。

4つ目は，「セクショナリズム」である。セクショナリズムとは，会社全体として得られるメリット（利益）よりも，自分に割り当てられた仕事や，自身の属する部門の利益のみを優先する状態のことである。第３章の第２問で説明した職能型組織をもとに考えると，販売（営業）部門と研究開発部門のセクショナリズムを紹介する。営業は売れることを優先するので，低価格にするために部品などのコストを抑えようとする。対して，研究開発は自分が目指す製品を実現するために，部品にはこだわりを持ってコストなどは考えずに選択する。それぞれが自分の都合を考えた行動を取るのである。これがセクショナリズムの一例である。このようなセクショナリズム（官僚制の逆機能）が深刻になると，全社的な業績が悪くなる恐れがある。

最後が，「繁文縟礼（はんぶんじょくれい）」である。繁文縟礼とは，規則や手続きが細かすぎて，業務の遂行がかえって非効率となっている状況のことである。例えば見込み顧客へのアプローチをおこなう際に，毎回報告書の作成や上司の承認などが必要だと，余計に手間や時間がかかり非効率である。仕事をおこなう際に不必要な手続きが多いなと感じたり，書類作成の専門部署が社内にある場合には，官僚制の逆機能が生じている可能性がある。

以上，官僚制の逆機能について５つ説明したが，読者の皆さんの会社や上司はどのくらい当てはまっていただろうか。ほとんどが当てはまっていたという場合は，今のような環境変化の激しい時代には大きなリスクがあるので，早めに組織改革に着手する必要がある。その改革を，国内 MBA を目指す皆さんに実行していただきたいと筆者は願っている。

3　リーダーシップ理論

ここではリーダーシップ理論として，リーダーシップの行動理論を紹介する。行動理論は，有能なリーダーの行動の仕方に見られる独自性を特定しようとするものである。例えば，有能なリーダーは，独裁者というよりも民主主義的な傾向が強いのだろうか，といった点に基づいた理論である

（ロビンス，2009）。

この行動研究に注目が集まった理由は，リーダーシップの行動上の重要な決定要因が得られれば，多くの人をリーダーに養成できると思われたのである。例えば，民主的な思いやりのあるリーダー行動が，フォロワーのパフォーマンスを高める，ということが実証研究で検証されれば，将来のリーダー候補には，民主的な思いやりのある行動をとることができるようにトレーニングをするのである。有能なリーダーになることを望む人たちに，実証研究から明らかになった行動特性を教え込むプログラムを開発するのである。これによって，人々を有能なリーダーに育て上げるのである。

このような有能なリーダーを無数に供給できる可能性を夢見て，行動理論の研究は多くおこなわれた。ここでは，行動理論の中で，最も包括的で，かつ最も頻繁に追試がおこなわれたオハイオ州立大学の研究を，二村（2004）とロビンス（2009）を引用しながら紹介する。

オハイオ州立大学の研究は，1945年に開始されたが，リーダー行動を記述，測定するための尺度開発や次元の確保から着手された。1,700を超える項目が準備されたが，因子分析の結果，「配慮」と「構造づくり」という２次元だけでリーダー行動がほぼ説明されることが明らかになった。「配慮（consideration）」とは，相互の信頼を築く，部下のアイデアや考えを尊重する，部下の感情への気配り，という点によって特徴付けられるような，集団の人間関係を尊重するリーダー行動を指す。このタイプのリーダーは，部下の居心地のよさ，健康，地位，満足に関心を示す。配慮の高いリーダーは，部下の個人的な悩みに力を貸し，親しみやすく，すべての部下を平等に扱う。

一方，「構造づくり（initiating structure）」とは，自分と部下の役割を定義し，部下に具体的なタスクを割り当て，手順やスケジュールを設定することで，部下の仕事環境を構造化しようとするリーダー行動である。感情や人間的な要素は含まずに，仕事上の指示をしていくような行動である。

次に，配慮と構造づくりの２次元のリーダー行動と仕事の成果との関係を探ることに焦点を当てた研究がおこなわれた。その結果，配慮と構造づくりのいずれも高い程度を示したリーダーの下では，これらのいずれか，あるいは両方において低い程度を示したリーダーのもとで働くよりも，部下の成果と満足度は高まる可能性が高いことがわかった。しかし，どちらも高いからといって，必ずしも良い結果が得られるとは限らなかった。例えば，構造づくりの程度が高いリーダー行動は，ルーティン・タスクをおこなう労働者の間で不平や常習的な欠勤，離職率の上昇，仕事への満足度の低下につながった。また別の研究では，配慮の高さは，上司によるリーダーの業績評価と反比例することがわかった。結論として，オハイオ州立大学の研究からは，配慮と構造づくりがどちらも高い場合は，一般的には好結果を生むものの，例外も多く，状況要因をこの理論に組み込む必要性があることがわかった（ロビンス，2009）。

状況要因とは，Aという状況の時は配慮型のリーダーシップが必要で，別のBという状況では構造づくり型のリーダーシップが有効である，というように，状況に応じて，2つのリーダーシップスタイルの強弱をコントロールすることの必要性があるということを示している。

この状況要因を組み込んだ研究が，リーダーシップのコンティンジェンシー理論である。コンティンジェンシー理論に関しては，筆者が2011年に出版した『国内MBA受験　小論文対策講義』（中央経済社）で詳しく説明しているので，そちらをお読みいただきたい。なお，コンティンジェンシー理論は東京都立大学大学院経営学研究科で出題されているので，東京都立大学を志望している方は，必ず『国内MBA受験　小論文対策講義』（中央経済社）をお読みいただきたい。

4　官僚制とリーダーシップ

先に説明したとおり，パーフェクトな官僚制では，すべての活動が規則によって規定され，組織メンバーの恣意性はまったく排除され，誰が意思決定してもまったく同じ結果とならなければならない。そこでは，特定の個人が何か意思決定しているようにはみなされない。組織メンバーは取り替えの効く部品のごとくみなされる。当然，組織メンバーのモチベーションが問題となることもない。なぜなら，組織に労働力を提供するという意思決定がなされている以上，規則に基づいて組織に貢献するのが当然だからである。

ただ，現実の組織を見ても，このようなパーフェクトな官僚制が機能しているところはほぼない。なぜなら，組織で働く人は，機械ではないからである。感情もあるし，病気にもなる。機械の部品のように動くことはできないのである。

また官僚制がパーフェクトに機能しない理由は，人間の限定合理性という点からも説明できる。限定合理性とは，合理的であろうと意図するけれども，人間には認識能力の限界があり，限られた合理性しか持ち合わせていないことを意味している。この限定合理性を官僚制に当てはめて考えると，官僚制を採用したからといって，パーフェクトなマニュアルを作ることはできない。マニュアルというのは，最初に作って，何か問題があれば改訂して，それを実施して，また問題があれば改訂するという作業を繰り返して完成していく。人間は限定合理性があるので，最初からパーフェクトなものは作れないのである。そういう意味でも，官僚制には限界がある。なお，限定合理性に関しては，筆者が2011年に出版した『国内MBA受験小論文対策講義』（中央経済社）で詳しく説明しているので，そちらをお読みいただきたい。

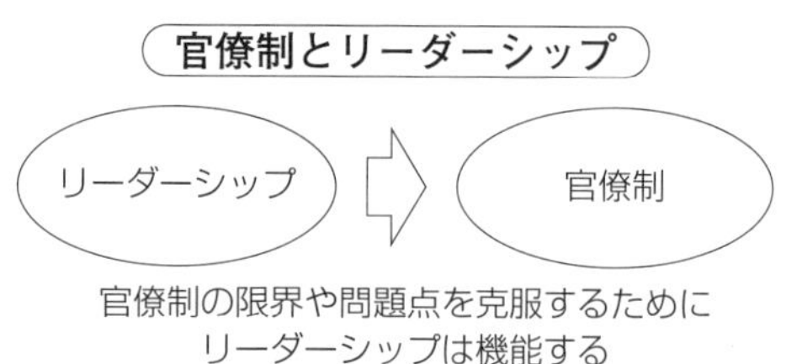

（出所） 筆者作成

上記のように官僚制には限界や問題点があるが，そこにリーダーシップが機能する余地がある。部下の感情に気配りをすることは，官僚制では求められるわけではないが，部下の貢献意欲を維持するために，リーダーは先に説明した「配慮」の行動をとり，それによって官僚制が機能する前提条件が準備される。人間は機械ではないので，配慮の行動によって，人間的な思いやりを見せて，部下のやる気を引き出すのである。

また，限定合理性に対しても，先のリーダーシップの「構造づくり」が役に立つ。人間は限定的にしか合理的ではないので，仮にマニュアルがあってもそれは完璧なものではない。必ず何か問題が生じる。そのときには，構造づくり型のリーダーが，部下に具体的なタスクを割り当て，手順やスケジュールを設定することで，部下の仕事環境を構造化しようとする必要があるのである。

このように官僚制を補完するためにリーダーシップが存在するということがいえるのである。

では，第３章の第２問で説明した「シェアード・リーダーシップ」と官僚制の関係はどうだろうか。リーダーシップ理論にもいろいろな理論があるが，最先端のリーダーシップ理論であるシェアード・リーダーシップは官僚制とどんな関係にあるのだろうか。これは研究があるわけではないので，筆者の意見であるが，両者は水と油の関係であるため，補完的な関係になることはない。官僚制は規則で縛り人を機械のように扱う。それに対して，シェアード・リーダーシップは，細かな規則はなく，状況に応じてリーダーになりたい人が自由にリーダーになるというスタイルである。そのため補完関係にはない。なので，本設問の解答でシェアード・リーダーシップは用いないほうがいい。行動理論を用いて書くのが最も書きやすいと思われる。

特別インタビュー

早稲田大学大学院経営管理研究科在学中
羽鳥 芳信さんに聞く

「自分の人生のオーナーシップを持つ」

◆国内MBAを目指した理由

飯野：本日は，早稲田大学大学院経営管理研究科に在学中の羽鳥芳信さんをお招きして，受験対策から在学中の様子，そして修了後のキャリア計画などについてお話を伺っていこうと思います。よろしくお願いします。

羽鳥：よろしくお願いします。

飯野：最初に，羽鳥さんがMBAを目指した理由についてお話しください。

羽鳥：「一度きりの人生だから，悔いを残さず，やりたいことにチャレンジしてみよう！」と考えたことがきっかけとなっています。そのやりたいことの1つが，「自ら起業して経営者になる」ということです。

私は大学卒業後，Uターンして地元の地方銀行に入行し，主に個人や中小企業向けの融資業務に携わってきました。中小企業向け融資は企業の経営者を相手にビジネスをすることが多いのですが，私が経営者の方々とお会いする中で感じたことは，彼らは事業のリスク，資金繰りや従業員のことなどの苦労を日々抱えながらも，楽しく充実した生活を送っているように見え，人間的にも魅力的な人がとても多かったということです。なぜそのように見えるのか，私はその理由は，彼ら経営者が「人生のオーナーシップを自分自身で持っている」からではないかと考えました。そして私自身も「いつか自分も経営者になり，リスクはあるけれど，自分自身が人生のオーナーシップを持って，幸せで充実した人生を送ろう」と強く思うようになったのです。

しかし，経営者になって起業するといっても，具体的に何をやるかも決まっていませんでした。また，私には事業立ち上げの経験はなく，長らく銀行という同質性の高い組織にいたので，アントレプレナーシップ（起業家精神）も持ち合わせていません。今後どうしたらよいか悩んでいたところ，早稲田大学ビジネススクール（WBS）の存在を知ります。今までビジネススクールというところは大企業の社員や幹部候補生が企業派遣やキャリアアップで行くくらいの認識だったのですが，WBSには彼らが学ぶような戦略やファイナンスの授業だけでなく，新規事業創造やアントレプレナーシップを学べる授業やゼミがあることを知ったのです。実際調べてみると，WBSの卒業生には起業するというキャリアを選択した人が何人もいることがわかりました。私は「WBSに入学して，経営の知識だけでなく，特にアントレプレナーシップを学び，起業に結び付けよう。同じような志を持った仲間と切磋琢磨して，自分の起業を成功させよう」と考えたことがMBAへの志望動機です。

飯野：そうですね。私もWBSを卒業して起業していますが，MBAでの学びは有効だったと思っています。羽鳥さんもぜひWBSを卒業して起業を成功させてください。

◆受験対策

〈小論文〉

飯野：では次に，受験対策についてお聞きします。WBSの入試は，小論文，研究計画書，面接が課されていますので，それぞれについてお聞きしていこうと思います。まずは，小論文対策はどのようにしましたか。

羽鳥：受験対策は予備校を利用しました。飯野先生が代表を務めていたウインドミル・エデュケイションズ株式会社（以下，ウインドミル）の講座を受講しました。小論文対策はウインドミルの小論文対策講座（小論文基本編，実践編）に絞っておこないました。スタートは内容や質よりも800字の原稿を埋めるということを意識し，書くことに慣れる，ということを重視しました。事前にテキストで経営学に関する基礎知識を習得し，経営テーマを実際の企業の実例と照らし合わせて，自分の見解を論理的に書くといった訓練を繰り返しおこないました。最初の頃は思うような解答ができなかったのですが，飯野先生からのフィードバックを見直して，基本テキストに何度も立ち返ることで，徐々にですが論理的で伝達効率の高い文章が書けるようになりました。その結果，学習をスタートして数か月経った頃には，飯野先生から優秀答案としてお褒めいただくこともあり，とても自信に繋がり，試験本番でも落ち着いて取り組むことができました。

飯野：そうですね。羽鳥さんは最終的にはすごく良い答案が書けるようになりましたよね。１次試験は確実に合格するだろうと思っていました。

〈研究計画書〉

飯野：次に，研究計画書についてお聞きします。WBSに出願した際の研究テーマは何でしたか？

羽鳥：研究テーマは「循環型社会実現に向けた不動産・住宅関連業者のビジネスモデル分析とイノベーション創出について」をあげました。

私が地方銀行在職時に融資担当として多くの不動産関連融資を取り扱っていたことがきっかけとなっています。不動産関連融資とは，身近なところでいえば，住宅ローンもその１つですし，アパートローンといわれる収益物件向けの融資もそうです。特に地方における人口減少と空き家問題は深刻な状況ですが，それでも郊外の空き地や畑の真ん中に新築の戸建住宅や集合住宅が次々と建てられていく様子を見て，「このような状況は地域社会にとって本当に望ましい状況なのか」と強く問題意識を持ちました。今後は地域社会をサステナブルな状態にしていくことが望ましく，そのためには循環型の社会や経済を実現することが必要なのではないか，そして不動産・住宅関連業者には従来とは違った戦略やビジネスモデルを構築して新たにイノベーションを起こしていくことが求められていくのではないかと考え，研究テーマとして設定したのです。

もう一つ，本テーマを設定したのには理由があり，それは自分が起業するのであれば，不動産や住宅関連の分野が有望ではないかと考えていたことです。不動産・住宅関連業はアナログで旧態依然とした慣習が残る業界なので，今後デジタルトランスフォーメーション（DX）が進展する余地が大きく，ビジネスチャンスもその分大きいのではないかと考えました。修士論文のテーマがそのまま起業のネタ，自分のビジネスにも使えるのではないかと考えたことも理由の１つです。

飯野：修士論文をそのまま起業のネタにしようという方はMBAの場合は多いですよね。修士論文のネタをそのまま使って起業した人も多く知っています。羽鳥さんも，ぜひ良い論文を書いて，起業につなげてください。

研究計画書の対策はどのようにしたのですか？

羽鳥：ウインドミルの講義と出願書類・研究計画書のテキストを参考にしました。そもそもどのような研究テーマを設定すべきか，研究計画書には何を書いたらよいかもわからない状態でしたが，講義やテキストで基本的・初歩的な内容から学習をスタートさせ，そして実際に提出する研究計画書への添削指導はどこを改善すべきか，具体的にアドバイスをいただけた点はとても良かったです。今ちょうど私の修士論文のテーマ設定段階なのですが，当時の受験対策で学んだことがここでも大いに役立っています。

飯野：そうですか。それは良かったです。修士論文もがんばってください。

〈面接〉

飯野：面接はどんな感じでしたか。

羽鳥：面接官（３名）は事前に用意していた質問をするのではなく，受験者から提出されたエッセイを見て，その場で気になったことや聞いてみたいことを中心に質問していました。私に対する質問内容は主に３つに分けられました。１つ目は「今までやってきたこと」，２つ目は「これからやっていきたいこと」，

3つ目は「MBAで何をしたいか，今後のキャリアにどう活かすか」です。簡単に説明すると，以下のようなことを聞かれました。

- あなたが働いてきた地方銀行業界の現状や問題点は何か。今後どのような方向に向かっていくと考えているか
- 各地方では地域活性化の取り組みを行っているが，うまくいっているケースは少ないと思う。それはなぜか。あなたならどうするか
- 住宅・不動産業界の問題点や課題はどこにあるか
- MBAで何をしたいか。今後のキャリアにどう活かすか

飯野：面接対策はどのようにしましたか。

羽鳥：ウインドミルの面接対策講座のテキストを参考に，過去の出題傾向から自分なりに想定問答を作成して，２次試験（面接）の１週間ほど前から模擬面接を１人で行いました。面接官からの質問の多くは私が提出したエッセイをもとにした個別性の高いものが中心でした。エッセイの内容が頭に入っていたので，質問にも慌てずに対応でき，無事に面接試験を終えることができました。

飯野：想定どおりのことを質問されたのですね。研究計画書がしっかり書けていたので，もう質問することもそんなになかったのかもしれませんね。

◆国内MBA入学後

飯野：ここからは入学後についてお話を伺おうと思います。羽鳥さんがWBSに入学して，最も有益だった授業は何ですか。

羽鳥：「ソーシャルイノベーション」が最も有益かつ印象深い授業でした。この授業の特徴は，学生同士がチームを組み，社会課題をテーマにその解決策をビジネスプランとして立案する，というものです。この授業の到達目標は単にソーシャルビジネスに関するプランを立案するだけでなく，小さくても良いので実際に具体的なアクションにつなげることです。講義最終日にはプランを全チームが発表するのですが，実際に成功している社会起業家の方々から直接フィードバックを受けることができます。

私たちのチームはバックグラウンドやキャリアや年代も異なるメンバー４名で構成されていました。チーム組成から最終発表まで約１か月と短い期間ですが，授業以外の日にもメンバー同士で何度も議論を重ね，最終的には全員が成し遂げたいと思い描いたプランが完成し，無事に発表することができました。授業は終わりましたが，現在でも具体的なアクションにつなげるべく，メンバー同士で今後に向けた話し合いを続けています。実際，この授業のプランからスタートして起業に至り，ビジネスにつなげている卒業生もいるので，起業を志す私としてはより実践的で学びの多い授業でした。

飯野：WBSのビジネスプランを作成する授業は人気がありますよね。私が在学していたのは20年前ですが，当時からビジネスプランをチームで作成する授業は人気がありましたね。私も受けましたが楽しかったです。

授業以外に何か印象に残るイベントはありますか。

羽鳥：コロナ禍で，対面での学内イベントの多くは中止となってしまいましたが，WBSでは授業以外に学生同士が交流を図ることができる「部活動」が存在します。大学公認のものから非公認のもの，人数も数十人からOB・OGを含めて数百人の大所帯のものまであります。私も「起業部」「マーケティング部」「ブランド＆デザイン部」「餃子部」等の複数の部活に所属しています。現在，各部活の主な活動はテーマを決めて定期的にオンラインイベントを開催することが中心となっていますが，部活動を通して授業では知り合うことができなかった人たちと交流を深めることができました。

飯野：部活があるんですね。私が在学していた当時は部活はありませんでした。うらやましいです。

◆国内MBA修了後のキャリア計画

飯野：最後に，羽鳥さんのWBS修了後のキャリア計画をお話しください。

羽鳥：修了後のキャリアは，目標である「起業家」への道を実現させたいと考えています。人生100年時代といわれており，多くの人は健康寿命が延び，将来的に80歳くらいまでは何らかの形で社会と関わり，働いていく必要があるのではないでしょうか。かつては大企業で働けば，60歳まではキャリアの階段を駆け上がり，その後，役職定年を迎え，定年退職まで関連会社や出向先で過ごすということをイメージできました。しかし，このような終身雇用制度は崩壊しつつあり，あのトヨタ自動車でさえ，終身雇用制度は維持できないといっている状況です。つまり安定と引き換えに会社に人生を預けてしまうということは，人生設計上，とても危険な状況なのです。これからは個人が主体性を持って，自律的にキャリアを築くことがますます重要になってくるのではないでしょうか。私はこれに対する１つの解としても「起業」が有効ではないかと考えています。いくつまで働くか，いつどこでどのように働くか，自分でビジネスを起こせば，すべて自分で決めることができます。まさしく「自分の人生のオーナーシップを持つ」ことができるのです。リスクはあっても，やはり自分の仕事に裁量や決定権を持つこと，そのためには自らビジネスを立上げ，経営者になることがベストと考えます。

MBA 在学中には，実際に多くの著名起業家から直接話を聞く機会を得て，アントレプレナーシップを学び，また，企業のビジネスモデルから，その成功・失敗要因について分析・研究することもでき，起業に向け本当に多くのことを学ぶことができました。そうしたおかげで，自分が立ち上げるビジネスの方向性も決まり，MBA 修了後，新たに起業家としてスタートを切ることができそうです。私は以前より社会の持続可能性について問題意識を持っていましたが，企業のビジョンとして「循環型経済の実現を通して，社会全体をよりサステナブルにしていく」ことを掲げ，事業を開始する予定です。構想しているビジネスアイデア，ビジネスプランはブラッシュアップ段階ですが，なるべく早く具体的なサービスや商品としてローンチさせていきたいと考えています。当初起業を考えていた不動産・住宅関連分野ではありませんが，自分でもとてもやりたかった事業内容なので，とても楽しみにしています。嬉しいことにビジネススクールで知り合った仲間も私の事業をぜひ一緒にやりたいと言ってくれているので，とても心強いです。

【参考文献】

安部義彦・池上重輔（2008）『日本のブルー・オーシャン戦略　―10年続く優位性を築く』ファーストプレス

伊丹敬之（2012）『経営戦略の論理（第４版）　―ダイナミック適合と不均衡ダイナミズム』日本経済新聞出版社

伊丹敬之・加護野忠男（2003）『ゼミナール経営学入門』日本経済新聞出版社

入山章栄（2012）『世界の経営学者はいま何を考えているのか　―知られざるビジネスの知のフロンティア』英治出版

入山章栄（2019）『世界標準の経営理論』ダイヤモンド社

奥谷孝司・岩井琢磨（2018）『世界最先端のマーケティング　―顧客とつながる企業のチャネルシフト戦略』日経 BP 社

加護野忠男・砂川伸幸・吉村典久（2010）『コーポレート・ガバナンスの経営学　―会社統治の新しいパラダイム』有斐閣

金井壽宏・髙橋潔（2004）『組織行動の考え方　―ひとを活かし組織力を高める９つのキーコンセプト』東洋経済新報社

倉島保美（2002）『レポート論文作成法講座（初級編）』早稲田大学ビジネススクール教材

グロービスマネジメントインスティテュート（2001）『MBA クリティカル・シンキング』ダイヤモンド社

齋藤嘉則・株式会社グロービズ監修（1997）『問題解決プロフェッショナル　―「思考と技術」』ダイヤモンド社

高橋伸夫（2004）『虚妄の成果主義　―日本型年功制復活のススメ』日経 BP 社

高橋伸夫（2006）『経営の再生（第３版）　―戦略の時代・組織の時代』有斐閣

沼上幹（2009）『経営戦略の思考法　―時間展開・相互作用・ダイナミクス』日本経済新聞出版社

根岸弘光・亀割一徳（2020）『サブスクリプション経営』日本経済新聞出版社

二村敏子（2004）『現代ミクロ組織論　―その発展と課題』有斐閣ブックス

三品和広（2011）『どうする？日本企業』東洋経済新報社

村上芽・渡辺珠子（2019）『SDGs 入門』日本経済新聞出版社

吉岡友治（2013）『大学院・大学編入学　社会人入試の小論文（改訂版）—思考のメソッドとまとめ方』実務教育出版

日本経済新聞電子版 2020.6.11『富士通，サブスクの IT サービス提供』

Aaker, A.D.（1991）*Managing Brand Equity*. Macmillan,Inc.（デービッド A. アーカー（1994）『ブランド・エクイティ戦略　—競争優位をつくりだす名前，シンボル，スローガン』陶山計介・中田善啓・尾崎久仁博・小林哲訳，ダイヤモンド社）

Bandura, A.（1977）*Social Learning Theory*. Englewood Cliffs, NJ:Prentice Hall.（A. バンデュラ（1979）『社会的学習理論　—人間理解と教育の基礎』原野広太郎監訳，金子書房）

Barney, J.B.（2002）*Gaining and Sustaining Competitive Advantage, Second Edition*. Pearson Education, Inc.（ジェイ B. バーニー（2003）『企業戦略論（中）事業戦略編』『企業戦略論（下）全社戦略編』岡田正大訳，ダイヤモンド社）

Christensen, C.M.（1997）*The Innovator's Dilemma: When new technologies cause great firms to fail*, Boston, MA: Harvard Business School Press.（クレイトン M. クリステンセン（2001）『イノベーションのジレンマ 増補改訂版』玉田俊平太監修，伊豆原弓訳，翔泳社）

Kanfer, R., & Ackerman, P.L.（1989）Motivation and congnitive abilities: An integrative/aptitude treatment interaction approach to skill acquisition. *Journal of applied Psychology,74*, 657-690

Latham, G.P.（2007）*Work Motivation*. Sage Publications Inc.（ゲイリーレイサム（2009）『ワーク・モティベーション』金井壽宏監訳，依田卓巳訳 NTT 出版）

Latham, G.P., & Kinne, S.B.（1974）Improving job performance through training in goal setting. *Journal of applied Psychology, 59*, 187-191.

Locke, E.A., & Latham, G.P.（1990）*A theory of goal setting and task performance*. Englewood Cliffs, NJ：Prentice Hall.

Robbins, S.P.（2005）*Essentials of Organizational Behavior, 8th Edition*, Pearson

Education, Inc.（スティーブン P. ロビンス（2009）『組織行動のマネジメント　―入門から実践へ』髙木晴夫訳，ダイヤモンド社）

エピローグ

本書をお読みいただいた皆さんへ

今から18年前に中央経済社から初めての著書である『国内MBA研究計画書の書き方―大学院別対策と合格実例集―』を出版した。

当時は，ウインドミル・エデュケイションズ株式会社を創業して走り出したばかりの時期だったため，一日一日暮らすのが精一杯で，自分のことだけしか考えていなかった。人の幸福なんて本気で考えることはできなかった。

そんな気持ちに変化が生まれたのは，結果が出始めて，黙っていても仕事の依頼が来るようになってからである。

以下のような声が日々，筆者のもとに届くようになったことで，気持ちの変化が起きた。

「飯野さんのおかげで，早稲田のMBAに合格できました。飯野さんに会えなかったら，この合格はありえませんでした」

「飯野さんの講義を聞いてやる気が出ました。MBA受験がんばります！」

「私もMBAに進学して，プロフェッショナルになるためにがんばります！」

こんな喜びの声を多くいただくようになった。

また，出版社や企業からは，

「うちの会社から本を出してみませんか」

「飯野さんに企業研修をお願いしたいのですが」

という依頼が自然に来るようになった。

これらの言葉は，筆者にとっては，何よりの喜びであった。
人を幸福に導くきっかけを自分が提供できているということを実感した。
人を幸せにすることって素晴らしいことだと心から実感した瞬間であった。

そこで，さらに多くの人に幸せを贈りたいと思い，今回の執筆を決意した。
すべての国内 MBA 受験生に HAPPY を贈りたいという筆者の気持ちが，本書執筆のモチベーションの源泉になっている。強い思いが込められた本である。
そのため，本書は今作で終わりではない。続編がある。
本作は，「基本編」であるが，続編は「実践編」である。
「実践編」は，基本的な論述はできるという前提で，国内 MBA 大学院で出題されている過去問と同レベルの問題で構成した問題集である。問題は，国内 MBA の小論文で頻出の課題文型の小論文問題を取り上げている。その問題は，ほとんどを筆者オリジナル問題で構成している。
読者の皆さんには，本作「基本編」と続編「実践編」をあわせてお読みいただければ，受験における小論文対策としては万全なものとなると考えている。

自分のためではなく，国内 MBA 受験生のために本作と続編を完成させると決意して，執筆に取り組んだ。すると自然と筆が進んだ。自分のためよりも，人のために何かをやろうとするほうがモチベーションが高まる。

本エピローグ執筆時は，ちょうど2021年の東京オリンピック開催中であった。メダルを手にした日本の選手たちは，みんな口を揃えて，まわりの支えてくれた人に感謝の言葉を述べていた。

「自分がメダルを取れたのは，多くの方の支えがあったから」

この言葉には，筆者も共感できる。

ここまで自分がやってくることができたのは，筆者を支えてくれた人たちがいたからである。そんな筆者を支えてくれた人たちへの感謝の気持ちが，本書の原稿作成に向かうパワーを与えてくれた。

そういう意味では，本書は皆さんのおかげで書けたのである。
筆者を支えてくれた皆さん，本当にありがとう。

最後に，インタビューに協力してくれた早稲田大学ビジネススクールの東出ゼミの後輩である羽鳥芳信さん，そして，中央経済社の飯田宣彦さんには特にお礼を言いたい。飯田さんには，数か月間に３冊の本を出版するという無謀な挑戦を実現してくれたことに深く感謝している。

本作が最後ではない。
続編が続く。

皆さんには楽しみにしていただきたい。

2021年９月

飯野　一

【著者紹介】

飯野　一　HAJIME IINO

1967年3月2日生まれ，山梨県出身。血液型A型。身長180cm。早稲田大学大学院アジア太平洋研究科（現経営管理研究科：MBA）修了。起業家，国内MBA受験カリスマ講師。アガルートアカデミー講師。国内MBA受験指導のかたわら，美容室，不動産運用の会社の役員，ブライダル事業の代表を務める。

［著書＆共著書］

- 『国内MBA受験の面接対策－大学院のタイプ別FAQ－』（2021年，中央経済社）
- 『国内MBA受験　小論文対策講義』（2011年，中央経済社）
- 『修了生が本音で語る国内MBAスクール白書』（2010年，中央経済社）
- 『行銷入門』（2008年，世茂出版有限公司）（台湾での出版）
- 『ウインドミル飯野の国内MBA無敵の合格戦略』（2005年，中央経済社）
- 『はじめての人のマーケティング入門－仕事にすぐ使える8つの理論』（2004年，かんき出版）
- 『国内MBA研究計画書の書き方－大学院別対策と合格実例集－』（2003年，中央経済社）
- 『国内MBAスクールガイド』（2001年，東洋経済新報社）

［学術論文］

飯野一，東出浩教（2004）『上司の動機付け言語が部下の仕事満足，仕事の成果に及ぼす効果』Japan Ventures Review No.5

国内 MBA 受験の小論文対策〈基礎知識マスター編〉

2021年11月15日　第1版第1刷発行

著　者　飯　野　一
発行者　山　本　継
発行所　㈱ 中 央 経 済 社
発売元　㈱中央経済グループパブリッシング

〒101-0051　東京都千代田区神田神保町1-31-2
電　話　03(3293)3371（編集代表）
03(3293)3381（営業代表）
https://www.chuokeizai.co.jp
印刷／東光整版印刷㈱
製本／㈲井上製本所

ISBN978-4-502-40651-5　C3034